Couverture inférieure manquante

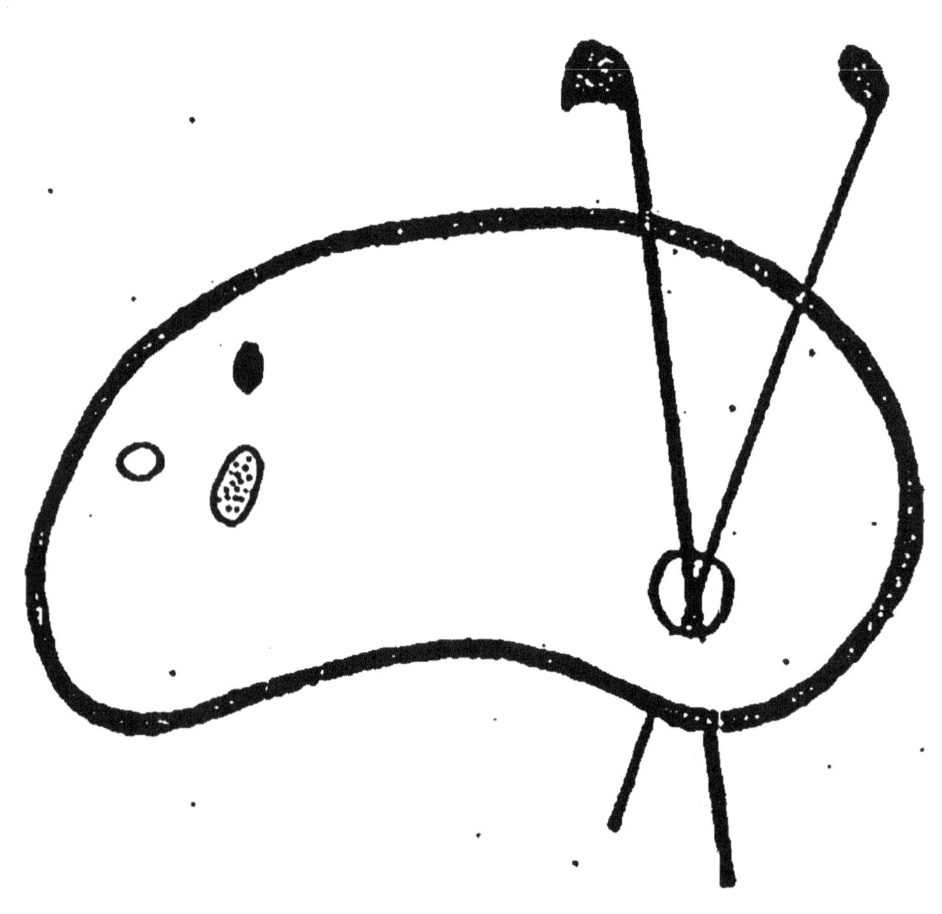

DEBUT D'UNE SERIE DE DOCUMENTS
EN COULEUR

AUGUSTIN GARÇON

QUATRE HOMMES

Skobeleff. — Brooke. — Grant. — Riel.

« Tolle, lege. »

PARIS
11, Place St-André-des-Arts, 11 ‖ LIMOGES
46, Nouvelle route d'Aixe, 46

IMPRIMERIE ET LIBRAIRIE MILITAIRES

Henri CHARLES-LAVAUZELLE

Editeur.

1890

QUATRE HOMMES

Pro patria semper.

AUGUSTIN GARÇON

QUATRE HOMMES

Skobeleff. — Brooke. — Grant. — Riel.

« Tolle, lege. »

PARIS
11, Place St-André-des-Arts, 11

LIMOGES
46, Nouvelle route d'Aixe, 46

IMPRIMERIE ET LIBRAIRIE MILITAIRES

Henri CHARLES-LAVAUZELLE

Éditeur.

1890

QUATRE HOMMES

———

SKOBELEFF. — BROOKE. — GRANT. — RIEL.

———

Skobeleff, Brooke, Grant, Riel, voici quatre noms qui ont eu le privilège d'attirer vivement l'attention publique. Par suite de la facilité d'information, les faits et gestes des hommes du jour sont transmis avec tant de promptitude qu'ils ne peuvent occuper notre esprit que pendant une courte période; le nom du héros de la veille est remplacé par le nom de celui du lendemain. Les nouvelles se succèdent avec rapidité ainsi que les événements; on peut donc dire que la célébrité est de courte durée, sauf pour des personnages qui doivent leur renom à des qualités ou à des faits de nature ou d'importance exceptionnelle.

Par ce fait que la célébrité est de courte durée, il est nécessaire de rappeler les actes de ceux qui, en un autre moment, ont montré de grandes qualités.

Il y a toujours un enseignement profitable à tirer de la vie des hommes éminents, amis ou ennemis, nationaux ou étrangers.

Voici quelles sont les raisons pour lesquelles nous avons résumé les faits principaux de la vie des quatre personnages dont les noms sont relatés ici.

Nous pouvons ajouter aussi que, par suite des publications nombreuses qui sont faites, la vie et les exploits de nos hommes célèbres sont généralement connus en France ; mais, sur ceux de l'étranger, les indications manquent le plus souvent ; il nous est donc nécessaire d'être plus complètement renseigné.

Nous avons eu surtout pour but de faire ressortir l'importance et la force de la volonté et de faire reconnaître l'énergie et le patriotisme comme vertus nécessaires et importantes.

Les exploits de Skobeleff, la grandeur de son caractère, l'amitié qu'il portait à notre pays, ont rendu son nom populaire parmi nous, et l'on peut dire que sa mort a été aussi vivement regrettée en France qu'elle a pu l'être en Russie.

Nous montrerons que par sa volonté, son courage et son énergie, James Brooke, cadet de famille et fils d'un petit employé, parvint en 1846-1847 à conquérir et à fonder presque un royaume dans l'île de Bornéo.

Il devint sir James Brooke, rajah de Sarawak, et son neveu, Brooke II, règne en ce moment sur cette principauté.

C'est grâce à James Brooke que l'Angleterre a acquis de nouvelles colonies dans cette région.

C'est grâce aussi à son énergie, à son travail et à sa volonté opiniâtre qu'Ulysse Grant put s'élever jusqu'à la haute situation de Président de la République des Etats-Unis, après avoir, comme général, fait preuve de grandes qualités militaires pendant la guerre de Sécession.

Beaucoup plus sympathique nous est la chevaleresque figure de Louis Riel, le champion des Canadiens français.

Il fut le défenseur des opprimés, combattit bravement pour leurs droits et se sacrifia afin d'éviter à ses concitoyens les représailles dont ils étaient menacés ; en fait, il mourut en martyr.

Ces quatre existences sont remplies de faits curieux et intéressants, en même temps que pleines d'enseignements.

Malgré quelques préférences, on peut dire de chacun des

personnages dont nous allons parler, ce que M. Chevreul disait de Berthollet : « C'était un caractère ! c'était un homme ! »

MICHEL-DMITRIEWITCH SKOBELEFF

Le général Michel-Dmitriewitch Skobeleff.

Skobeleff, nom qui sonne bien à toute oreille française ;
c'est celui d'un héros, d'un patriote, d'un hardi général, d'un
ami de la France.

On connait les exploits du général russe Skobeleff, on sait
aussi que l'Allemagne et les Allemands avaient en lui un
ennemi irréconciliable.

Lors de sa mort, — mort aussi subite que mystérieuse, —
un immense cri de douleur a retenti dans toute la Russie,
tandis que les Allemands ne cachaient nullement leur joie
de se voir délivrés de cet ennemi implacable.

En France, nous nous associâmes aux regrets du peuple
russe.

Il nous est fort agréable de faire ressortir ici toute la grandeur d'âme, l'énergie en même temps que la vaillance de
Skobeleff, et nous prendrons pour guide partiel les écrits
d'un de ses anciens compagnons d'armes, en répétant avec
lui ces lignes de Wereschtchagine :

« Il faut moins s'étonner de la bravoure de Skobeleff, qui
était surprenante, extraordinaire, que de sa perspicacité militaire qui avait une importance bien plus grande encore. »

L'auteur anonyme de *Quelques mots sur le général Skobeleff*
s'exprime ainsi :

« Skobeleff était non seulement un brave et hardi soldat,
un chef audacieux, un général capable, un grand capitaine
qui avait le génie de Napoléon, mais aussi un grand citoyen
et le plus noble représentant de la grande idée nationale en
Russie. »

Le personnage nous est trop sympathique pour que nous
ne partagions pas la plupart des idées émises par l'ami du
héros de Gheok-Tepé, mais nous pensons aussi que le jugement qu'il porte sur le caractère de celui que l'on avait sur-

nommé *le général blanc* ne peut être apprécié véritablement que par les compatriotes du vaillant Skobeleff.

C'est pourquoi nous nous attacherons spécialement à relater ce qui, dans la vie du héros russe, peut nous intéresser au point de vue militaire.

C'est à l'Académie impériale d'état-major et non à l'Université, que Skobeleff termina ses études. C'était un érudit et un travailleur sérieux.

Ce fut pendant la seconde campagne de Khiva, en 1873, qu'il se fit remarquer par son intrépidité et son courage personnels. Il dirigea le bombardement de Khiva et, à la tête de 1,000 combattants, enleva la ville d'assaut.

Sa reconnaissance en Orshakie a été ainsi qualifiée par un témoin oculaire, M. Mac-Graham :

« C'est un exploit extraordinaire de témérité intelligente. »

Le même auteur a tracé de Skobeleff combattant le portrait suivant :

« L'uniforme souillé de sang et de boue, l'épée brisée au poing, la croix de Saint-Georges tordue sur l'épaule, la face noire de poudre et de fumée, les yeux hagards et rouges, les lèvres sèches, la voix rauque, Skobeleff donnait ses ordres dans une sorte de râle au milieu des cadavres et des blessés. »

On sait qu'en 1874, Skobeleff prit part à l'insurrection carliste et que les plans et tracés qu'il rapporta d'Espagne furent très remarqués comme études sérieuses et approfondies.

Dès que la guerre avec la Turquie fut déclarée, il accourut à Saint-Pétersbourg pour offrir ses services qui furent froidement repoussés.

Il partit comme simple volontaire, mais sa valeur se fit promptement remarquer et, soutenu par le prince Imeretinsky et par le comte Schoumaloff, il obtint un commandement important. A Lowtcher et à Plewna, il se distingua non

seulement par sa bravoure, mais aussi par son génie stratégique. Todleben rendit justice à Skobeleff dans cette occasion.

Pourquoi n'avait-il pas eu de commandement dès le commencement de la campagne ? Sans doute par suite de certaines
difficultés antérieures avec l'intendance ; mais, comme il
s'était pleinement justifié des accusations portées contre lui,
il faudrait chercher ailleurs la raison de l'ostracisme dont il
fut frappé.

Lorsque l'armée russe se trouvait sous les murs d'Andri-
nople, Skobeleff présenta au ministère des affaires étrangères
un mémoire où il indiquait la facilité avec laquelle l'armée
russe pouvait s'emparer de Constantinople, en faisant ressortir, surtout, de quel poids serait dans les négociations
l'occupation de tout ou de partie de la capitale de l'Empire
ottoman ; son avis ne fut pas suivi.

Le traité de San-Stefano accepté par la Turquie fut mutilé
à Berlin. Les Français ne pourront jamais oublier les événements de 1870-71 ; les Russes se souviendront toujours du
traité de Berlin où ils furent joués par les Allemands.

Toute la société russe fut profondément atteinte par cette
insulte que Michel-Dmitriewitch Skobeleff ressentit plus que
tout autre.

« L'Allemagne sera un jour, je le vois, je le sens, je vous le
prédis, dévorée par les Slaves. Ce sera la guerre sainte,
disait-il. »

On peut affirmer que l'année 1879 fut celle pendant
laquelle la haute personnalité de Skobeleff fut mise en relief.

La première expédition contre les Achal-Teke avait été
mal préparée. L'assaut contre Gheok-Tepé ayant été repoussé,
quoique les adversaires des Russes eussent subi aussi de
grandes pertes, on battit en retraite.

Ce fut presque un désastre ; les blessés, au nombre de 300,
furent transportés attachés sur des chameaux ou étendus
sur les canons, faute d'autres moyens de transport. Les soldats, mourant de faim, dévoraient les provisions destinées aux

chevaux et tombaient comme des mouches : tel est le tableau qui a été tracé de cette retraite.

Cette défaite compromettait gravement le prestige russe en Asie. A Saint-Pétersbourg, l'impression fut pénible. On comprit la nécessité d'une action immédiate.

Skobeleff eut le commandement de la seconde expédition. Il déploya un véritable génie dans la préparation de cette campagne, prévit toutes les éventualités et soigna surtout le bien-être du soldat.

Il réunit plus de cent pièces de canon devant Gheok-Tepé, et, sous sa conduite, l'armée du Caucase, qui comptait dans ses rangs les héros de Kar. et d'Aladji, prit bientôt sa revanche de son échec précédent.

Skobeleff, non seulement conquit, mais pacifia et organisa le pays.

Il s'attira l'amitié et la confiance des vaincus par sa bonté et sa pitié. Souvent on l'entendait dire : « On ne frappe pas celui qui est à terre. Il faut soulager l'ennemi vaincu. Nous devons à l'esprit de notre politique en Asie de n'avoir pas de parias ; c'est là notre force et notre avantage sur l'Angleterre. »

Ce héros à l'âme si haute, et que l'on a souvent et à tort dépeint comme un buveur de sang, disait encore : « Je n'aime pas la guerre, non, je ne l'aime plus, je l'ai faite trop souvent ; mais il y a une guerre pour laquelle je serai toujours prêt, c'est la guerre nationale, la guerre sainte. »

Skobeleff n'aimait pas la bravoure en masse.

« Le courage se fractionne trop, répétait-il. »

Comme on l'a dit, le courage de Skobeleff pouvait être nommé le courage individuel de la masse.

C'était l'homme des foules, la personnification du *mir* russe. Sans la masse, il était impuissant ; il se sentait grandir aux murmures de la foule, et, dans cette particularité de la nature, dans ce trait national, on voit l'explication de la fascination qu'il exerçait sur le soldat.

Skobeleff eut à lutter contre le mauvais vouloir et l'hostilité de certains personnages, mais nous laisserons ces particularités de côté pour reproduire ce qu'un de ses compatriotes a dit du général Skobeleff :

« Skobeleff. « homme du *mir* », était communicatif, simple, démocrate dans sa manière de traiter le soldat. Il partageait fraternellement avec lui fatigues et privations, et il marchait au feu avec la même devise au cœur : *Un pour tous, tous pour un !* »

Au dîner anniversaire de la prise de Gheok-Tepé, le 12 janvier 1882, Skobeleff prononça un discours qui eut un long retentissement en Allemagne. Il fit part de ses aspirations politiques, et annonça qu'il considérait le moment de la lutte comme très proche. En Russie, le parti allemand prit ombrage de ces déclarations et le général dut s'éloigner de Saint-Pétersbourg.

Il vint alors à Paris. Le discours qu'il y prononça n'eut pas moins de retentissement.

On peut le résumer ainsi :

« L'alliance entre la France et la Russie devient une nécessité politique. Toutes deux ont le même ennemi. Leurs intérêts, leur avenir sont solidaires. »

Le général fut accusé de manquer de tact par les uns, blâmé par les autres ; la presse allemande demanda une punition exemplaire pour le général patriote.

L'empereur Alexandre III imposa silence à tous, en recevant d'une façon toute cordiale le général Skobeleff au palais impérial de Gvatchina.

« Sur le trône de Russie, nous avons un véritable Tsar russe », disait le général Skobeleff en sortant de cette audience.

Rien ne faisait prévoir une fin si subite, lorsque nous parvint la nouvelle que le général Skobeleff avait été trouvé mort chez lui, à la suite, disait-on, d'une attaque d'apoplexie.

La Russie perdait en lui un de ses meilleurs généraux et un grand patriote ; la France, un ami sincère et dévoué.

JAMES BROOKE

CONQUÊTE DE SARAWAK

LE RAJAH SIR JAMES BROOKE

. Les événements de l'Annam et du Tonkin, la revendication de la Nouvelle-Guinée et des Nouvelles-Hébrides par les Anglo-Australiens, ainsi que le progrès de la colonisation anglaise dans l'île de Bornéo, ont attiré l'attention publique vers ces parties de l'Asie et de l'Océanie.

A propos des explorations de MM. Dupuis et Millot au Tonkin, on a rappelé le souvenir d'un homme qui, en 1841, a pu, à force de dévouement et de persévérance, devenir le souverain de Sarawak, contrée assez importante ; combattre avec succès les pirates qui désolaient ces parages de Bornéo, et, en fait, donner à sa patrie une colonie de plus, tout en servant la cause générale de la science et de la civilisation.

James Brooke est le nom de cet Anglais courageux et entreprenant, en même temps que patriote.

Pour les raisons qui précèdent, nous avons donc pensé que les notes et renseignements en notre possession sur Sarawak et sir James Brooke seraient lus avec intérêt.

L'ILE DE BORNÉO

Au sud, et non loin de nos possessions et protectorats de Cochinchine, Cambodge et Annam, se trouve la plus grande île de l'Océanie après l'Australie : c'est l'île de Bornéo, qui fait partie de l'archipel Malaisien et est baignée au Nord et à l'Ouest par la mer de Chine, au Sud par celle de Java, et à l'Est par la mer des Célèbes (1).

---

(1) Bornéo, île située entre 103°,25' et 115°,5' longitude Est, et 7°,7 latitude Nord et 4°,12' latitude Sud.

Au point de vue de la situation géographique, et comme sa voisine l'île de Sumatra, elle offre cette particularité de se trouver partagée en deux parties presque égales par l'équateur et d'appartenir par conséquent aux deux hémisphères.

L'île de Bornéo, longue d'environ 1,280 kilomètres sur 1,200, possède un climat excessivement varié ; les productions du sol sont assez diverses. On y rencontre de très grandes forêts, et les mines d'or, de fer, de cuivre, de plomb et d'étain y sont nombreuses.

Les principales mines d'or de Bornéo sont situées dans les environs de Sambas ; elles sont louées par le rajah à des Chinois qui les exploitent.

La redevance payée est de 50 bunkals (1) d'or par année et par mine, plus un droit de trois dollars par tête de Chinois employé ; mais, comme il y a 30,000 Chinois occupés dans ce district, ils se trouvent assez forts et nombreux pour éluder le paiement de cette dernière taxe, ce qui donne lieu à des contestations continuelles.

L'industrie est généralement entre les mains des Chinois qui sont aussi pêcheurs, mineurs, agriculteurs, ainsi que commerçants.

Le Malais est indolent et plus spécialement marin.

Le dialecte dyak, qui est le plus répandu, vient du malais, dont il est une corruption ; et on sait que cette langue est un composée de persan, de sanscrit, de hollandais et de portugais.

Présentement, les langues européennes dominantes dans ces parages sont l'anglais et le hollandais.

Une chaîne de montagnes partage l'île dans le sens de sa longueur, et plusieurs rivières telles que le Bornéo, le Pontionak, le Coti l'arrosent.

La végétation est généralement luxuriante ; le sagou, le

---

(1) Le bunkal vaut, suivant les places, de 23 à 25 dollars d'Espagne. Le dollar, monnaie genre de notre pièce de 5 francs, vaut 5 fr. 41.

bambou et toutes les plantes, ainsi que les arbres de la région équatoriale, s'y rencontrent en abondance ; le poivre est cultivé surtout dans le Nord et dans les possessions hollandaises. Le coton, le cacao et le café donnent une belle production, et tous les légumes d'Europe y ont été acclimatés.

Il y a peu d'animaux féroces, mais les orangs-outangs sont nombreux dans les forêts, et les alligators se rencontrent fréquemment dans les nombreuses rivières.

On y remarque la rareté des animaux servant pour le transport, chevaux, mulets, etc. ; il en est de même pour les chiens et certains volatiles tels que oies, dindes, etc.

Sauf le moineau, la tourterelle et les espèces originaires de Chine, les oiseaux sont aussi assez rares.

Le Malais est assez habile dans la taille des diamants, et s'occupe aussi beaucoup de la pêche des huîtres perlières, qui a lieu près de Manar.

A trois journées de marche de Pontionak, existe la célèbre montagne de *Landa*, laquelle était, dit-on, après Golconde, la plus riche mine de diamants du monde.

Quoique le christianisme ait fait de nombreux prosélytes, surtout depuis la création de l'évêché de Labuan, la plupart des habitants de l'île de Bornéo sont mahométans ou disciples de Confucius ; comme dans l'Inde, les descendants hindous suivent les uns le bouddhisme, les autres le brahmanisme.

L'intérieur de l'île n'est encore que fort imparfaitement connu, et les parties généralement habitées et cultivées sont les bords des rivières et le littoral.

Ce furent les Portugais qui, les premiers, découvrirent Bornéo en 1521 ; mais ils ne réussirent pas à se maintenir dans les colonies qu'ils avaient fondées, et les Hollandais les remplacèrent en 1604. Ceux-ci ont occupé depuis cette époque les parties situées à l'Ouest et au Sud-Est, qu'ils ont divisées en deux provinces : l'une, dont le chef-lieu est Pontionak, est appelée résidence de la côte occidentale ; et la seconde, dite résidence de la côte orientale, a Banjermassing pour capitale.

Divers traités, conclus en 1643 et en 1787 avec les chefs indigènes, ont reconnu aux Hollandais leurs droits de souveraineté sur les parties occupées par eux.

En 1706, 1760 et 1775, les Anglais essayèrent de fonder des colonies dans l'île de Bornéo ; mais leurs entreprises ne réussirent nullement et ils furent obligés de se retirer.

Par un traité signé à Londres le 17 mars 1824, entre le roi d'Angleterre, représenté par l'honorable George Canning, ministre des affaires étrangères, et le roi des Pays-Bas, représenté par le baron Henry Fagel, l'Angleterre et la Hollande ont réglé toutes les questions pendantes au sujet des territoires et du commerce dans les Indes orientales et l'archipel malais ; les deux parties se sont aussi engagées à s'unir pour la répression de la piraterie.

On sait de quelle importance sont Sumatra et Java, les colonies hollandaises voisines de Bornéo, et que l'île de Java a été, les 26 et 27 août 1883, dévastée dans sa partie occidentale par un cyclone et une éruption volcanique qui ont détruit une grande partie de la résidence de Bantam, engloutissant villes et villages, et coûtant la vie à plus de 40,000 personnes.

Anciennement, l'île de Bornéo était divisée en trois royaumes : premièrement, celui de Bornéo, le second appelé de Sakadana, et le troisième de Banjermassing. Quoique réduit, le premier seul subsiste.

Présentement, en outre de certaines petites principautés indépendantes on trouve, au Nord, le royaume de Bornéo, appelé Bronei par les indigènes, dont la capitale du même nom compte environ 35,000 habitants. Il y a aussi plusieurs comptoirs anglais et la colonie de Labuan, mais surtout la principauté indépendante de Sarawak, dont l'importance augmente tous les jours. Quoique propriété particulière de sir James Brooke et de ses descendants, elle est devenue en fait colonie anglaise, et est administrée par le neveu du rajah Brooke, M. Charles Brooke.

Notre but principal étant de faire connaître spécialement l'histoire des événements dont Sarawak a été le théâtre et quelle y a été la part prise par James Brooke, nous terminerons brièvement ce qui a trait à Bornéo.

La population totale de l'île s'élève au chiffre de 3,500,000 habitants environ, presque tous d'origine malaise. Certaines tribus malaises-javanaises ont été longtemps redoutées pour la hardiesse et la férocité de leurs habitants; ceux-ci, véritables écumeurs de mer, grands, forts et excellents marins, ont été la terreur de ces rivages; mais, depuis la conquête de Sarawak et les démonstrations navales de 1846, les faits de piraterie sont devenus très rares, et les navires de commerce peuvent maintenant parcourir les mers de cette région avec une bien plus grande sécurité.

JAMES BROOKE

James Brooke naquit à Calcutta le 29 avril 1803; il était le second fils de M. Thomas Brooke, alors employé dans le service civil de la compagnie des Indes orientales.

James fit son éducation en Angleterre et fut longtemps sous la direction de M. Valpy à l'Ecole de grammaire de Norwich; de bonne heure, il montra son amour des voyages et des aventures et étudia plus les récits du capitaine Cook que les auteurs grecs et latins.

Dès l'âge de 14 ans, le futur rajah entrait dans l'armée des Indes; commissionné en 1817, il servit en qualité de cadet pendant la guerre de Birmanie (*Burmese war*), où il se fit remarquer par sa bravoure et fut même grièvement blessé. C'est alors qu'il fut nommé lieutenant et obtint un congé pour rétablir sa santé.

Après quelque temps passé en Angleterre, il parcourut la France et l'Italie et retourna aux Indes pour reprendre son service; mais, par suite d'avaries survenues au navire qui le portait, il arriva à son poste bien après l'expiration des délais ordinaires; les remontrances qui lui furent faites le mécontentèrent sans doute, car il donna immédiatement sa démission, et, reprenant le navire qui l'avait débarqué à Madras, il se rendit à Calcutta, et quitta cette ville en 1830 pour un voyage d'exploration en Chine.

Ce fut dans ce voyage qu'il vit pour la première fois les îles de l'archipel asiatique et fut frappé de leur importance et de leur beauté; il put se convaincre que Bornéo et les îles adjacentes offraient de vastes champs à l'investigation et à l'activité des Européens.

Son désir de supprimer la piraterie et le commerce des esclaves dans ces contrées, devint sa préoccupation constante; et, de retour en Angleterre, Brooke, doué d'un esprit puissant et persévérant, très bon marin et habile à tous les exercices du corps, équipa un petit brick et retourna dans les mers de Chine.

Mais, comme il avait entrepris cette expédition contre la volonté de son père, le manque de fonds se fit bientôt sentir, et il fut obligé de vendre son navire en Chine et de revenir en Angleterre.

Contrairement à ce qui a lieu généralement, sa mère, qui paraissait mieux connaître les aptitudes de son fils et prévoyait la destinée qui l'attendait, l'encourageait dans ses idées de voyages et de découvertes.

Sur ces entrefaites, M. Thomas Brooke vint à mourir, de sorte que, lorsque James Brooke eut reçu la part qui lui revenait dans la succession de son père, il reprit ses anciens projets et réalisa le rêve de sa jeunesse en achetant un excellent voilier qui portait le nom de *The Royalist* (le *Royaliste*).

The Royalist, schooner de 142 tonneaux, faisait partie du Royal-Yacht-Squadron (escadre royale des yachts), et, comme tel, avait le droit, d'après les statuts qui régissent cette société, de profiter de tous les avantages réservés dans les ports étrangers aux navires de guerre de la marine britannique.

James Brooke forma un équipage choisi d'environ vingt hommes résolus (1) à suivre les destinées du *Royalist* et de son commandant, dans la bonne comme dans la mauvaise fortune.

Pendant trois années, il croisa dans la Méditerranée et fit le tour de l'Europe pour exercer son équipage et le préparer aux fatigues et dangers qu'ils prévoyait.

Avant de quitter l'Angleterre, Brooke publia, en 1838, une relation de ce qu'il connaissait sur Bornéo et indiqua quel était le but de son expédition dans l'archipel malais. Dans cette étude, qui fut publiée dans *The journal of the Geographical Society* (volume VIII, part. 3), M. James Brooke appelle l'attention de ses concitoyens sur les îles de Bornéo et des Célèbes encore peu connues, ainsi que sur la Nouvelle-Guinée et les côtes du Nord de l'Australie, parties encore inexplorées ; il s'élève contre le paganisme et le commerce des esclaves qui existent dans l'archipel malais et, eu égard à leurs productions naturelles et à leur population, il exprime l'opinion qu'il y aurait intérêt, pour l'Europe, à faire explorer plus complètement ces contrées.

Le 27 octobre 1838, le *Royalist* quitte définitivement la Tamise pour Bornéo ; le navire était bon marcheur, mais sa construction lui faisait une nécessité d'éviter toute cause d'échouage; il portait quatre bateaux de différentes dimensions et était armé de 6 canons de 6 livres avec plusieurs pierriers et une assez grande quantité d'armes à feu porta-

---

(1) *M. Brooke's journal :*
..... and willing to follow the fortunes of the Royalist and her commander through all the various shades of good or evil fortune.

tives et d'armes blanches pour l'équipage; en outre, le commandant se munit de marchandises de troc et de présents pour les chefs indigènes, ainsi que de vivres pour quatre mois.

Le navire eut très mauvais temps jusqu'au 16 décembre, époque à laquelle il perdit définitivement de vue les côtes d'Europe. Brooke avait aussi le projet de visiter l'Australie qui, à cette époque, était encore une terre peu connue, de s'arrêter aux îles du Pacifique et de retourner en Europe en doublant le cap Horn.

Le *Royaliste* intervertit l'ordre de son voyage, car il toucha d'abord à Rio de Janeiro, et, malgré le plaisir qu'il eut à visiter la capitale du Brésil et ses environs, James Brooke n'y resta que dix jours; il trouva là le *Calliope*, navire de guerre anglais, qui venait de capturer trois négriers. La vue de tous ces malheureux Africains, traités de la manière la plus dure par les marchands de chair humaine, ne fit qu'exciter son désir d'arriver à purger les mers des pirates et négriers qui les infestaient.

En quittant la capitale du Brésil, le *Royaliste* croisa pendant quelques jours avec le *Calliope* et le *Grécian*, et poursuivit sa route pour le cap de Bonne-Espérance.

Au Cap, il reste encore quinze jours. et, le 29 mars, il se dirigee vers Java où il séjourne quelque temps et se ravitaille à Anjer; le 1er juin, il atteignit Singapour qu'il quittait bientôt, après s'être muni de lettres de recommandation pour les divers chefs de l'île de Bornéo.

De Dattu, où il s'arrêta quelque temps, le *Royaliste* se dirigea sur Sarawak, situé sur la rivière de ce nom; là M. James Brooke eut l'occasion d'être présenté au Pangéran Mohammed, frère du rajah de Sarawak, et, bientôt, à MudaHassim lui-même, qui se trouvait en cet endroit pour diriger une expédition contre les Dyaks, habitants de l'intérieur, lesquels s'étaient révoltés.

Ce fut le 15 août que le *Royaliste* jeta l'ancre à Sarawak

et salua le rajah de 21 coups de canon qui furent rendus par 7 de l'artillerie de Muda-Hassim. M. Brooke fut reçu en grande pompe par le rajah auquel il remit ses lettres de recommandation et le trouva fort disposé à lui faciliter la visite de ses États, en l'assurant de sa protection. La visite fut rendue par le rajah à bord du *Royaliste* et on échangea des cadeaux.

A cette époque, la ville de Sarawak, située sur les bords d'une rivière à 25 milles de la mer, contenait tout au plus 1,500 habitants dont presque toutes les maisons, sauf la résidence de Muda-Hassim, étaient construites en terre; l'agriculture y semblait peu développée.

Pendant six mois, le *Royaliste* croisa dans la mer de Chine et dans celle des Célèbes, visitant la ville de Bornéo et tout le littoral; à la fin, l'équipage et le commandant, fatigués de cette croisière, retournèrent à Sarawak, pendant l'été de 1840.

Muda-Hassim, qui était rajah et gouverneur sous la suzeraineté de son neveu, le sultan de Bornéo, soutenait depuis longtemps une guerre contre les tribus de l'intérieur qui s'étaient révoltées, il pria James Brooke de l'aider dans la répression de cette révolte. Celui-ci y consentit, mais sous certaines conditions qui furent acceptées.

Avec l'aide de 12 de ses compagnons, il organisa un petit corps de troupe de 500 hommes, dont 300 Chinois et 200 Malais, et, en quelques semaines, grâce à ses habiles dispositions, il battit les rebelles en plusieurs rencontres et cette guerre, qui durait depuis quatre ans. se termina par un traité qui pacifia complètement la contrée.

Dès lors, M. James Brooke eut une très grande influence dans le pays, et devint l'ami intime de Muda-Hassim, homme faible et incapable.

Toutefois, M. Brooke eut le regret de perdre deux de ses

compagnons qui moururent de maladie et furent enterrés avec les plus grands honneurs à Sarawak.

Peu après, Osman-Ali, sultan de Bornéo, ayant nommé Muda-Hassim au poste de *Bandhara* ou premier ministre, celui-ci recommanda James Brooke comme son successeur dans les fonctions de gouverneur.

Brooke rajah de Sarawak.

Le Sultan, ayant accepté la proposition faite par Muda-Hassim, éleva M. James Brooke à la dignité de rajah et le fit proclamer solennellement gouverneur de Sarawak.

Du jour de cette proclamation, le 21 septembre 1841, M. James Brooke prit possession de son poste et fit hisser sur sa résidence le pavillon britannique; par ce fait, Sarawak devenait, en quelque sorte, possession anglaise.

Le rajah James Brooke se vit bientôt obligé d'entreprendre plusieurs expéditions militaires pour faire reconnaître son autorité des tribus dissidentes et conquérir par la force les territoires de sa principauté qui n'avaient été soumis jusque-là que d'une manière nominale au sultan de Bornéo. Il fit aussi une guerre active aux pirates et, à l'aide d'une flottille qu'il organisa avec le concours des indigènes, il les traqua dans leurs repaires et détruisit une grande partie de leurs bateaux.

Reconnaissant envers sa mère qui l'avait toujours soutenu dans ses projets, le nouveau rajah lui fit part de sa soudaine fortune, et, lorsque la nouvelle des événements que nous venons de relater parvint en Angleterre, le nom de James Brooke devint de suite célèbre; on le compara à Raleigh, à Christophe Colomb, et tous les journaux furent remplis de son éloge pour la gloire qui en rejaillissait sur le nom anglais, et surtout pour les bénéfices que la mère-patrie comptait retirer de ce que l'on considérait alors comme une nouvelle possession britannique.

Le premier acte de Brooke en qualité de rajah fut de faire rendre tous les otages et de donner la liberté aux esclaves. Il réforma aussi le gouvernement local, organisa la justice chez ce peuple soumis jusque-là à l'arbitraire et en devint bientôt l'idole ; les indigènes lui donnèrent le nom de *Tuam Besar* ou grand homme.

Il dut bientôt aussi réorganiser ses forces de terre et de mer et recommencer à poursuivre les pirates qui reparaissaient ; mais voyant que le but ne pouvait être définitivement atteint avec ses propres moyens, il s'adressa au commandant de la station navale anglaise de Chine pour lui demander aide.

Sa demande fut accueillie favorablement, car la guerre entreprise par l'Angleterre contre la Chine venait de se terminer ; aussi, le commandant en chef de la flotte, le vice-amiral sir Villiam Parker, envoya-t-il en mars 1843 le capitaine Keppel (actuellement amiral) avec le navire de guerre *Dido* pour aider le rajah Brooke à purger les mers des écumeurs malais.

Le capitaine Farquhar, qui prit part aussi à la répression, réussit à briser entièrement la puissance des pirates dyaks des tribus de Serebas et Sakarran ; il en fit une véritable hécatombe.

On reprocha plus tard à James Brooke d'avoir fait ainsi verser des flots de sang, mais bientôt ses détracteurs durent reconnaître que ces expéditions étaient d'une entière nécessité, car ces parages, dans lesquels aucun navire de commerce n'osait s'aventurer, devinrent abordables et d'une entière sécurité.

Les autorités hollandaises, et principalement M. Temmink et le secrétaire des colonies hollandaises, M. de Groot, rendirent aussi justice aux efforts faits par le nouveau rajah pour là pacification de ces contrées.

En Angleterre, et sous prétexte d'humanité, M. Hume et M. Chamerovzow blâmèrent hautement M. Brooke ; mais peu à peu l'opinion publique, un instant partagée, donna pleinement raison au conquérant de Sarawak.

Avant ces événements, le rajah Brooke avait augmenté sa flottille par l'acquisition d'un bâtiment de 700 tonnes appelé *The Sultana*, et il en avait donné le commandement au capitaine Page, employant spécialement ce navire à transporter les produits du pays et à faire le commerce avec l'Inde.

Dans un voyage à Bombay, la *Sultane* rencontra, échouée et abandonnée, la frégate française la *Magicienne* (1841) et, le lendemain, la *Sultane*, dont le chargement était presque entièrement composé de coton, prit feu et dut aussi être abandonnée.

Le capitaine Page put mettre tous ses canots à la mer et sauver son équipage ; il essaya de gagner Singapour, mais fut obligé de relâcher dans une petite île, près de Balabac ; de là, il put aborder à Labuan et arriver à Bornéo.

Les naufragés pensaient recevoir bon accueil, mais le sultan et ses sujets les dépouillèrent, en quelque sorte, de tout ce qu'ils avaient pu sauver du désastre.

Averti de ce qui se passait, James Brooke s'occupa activement du rapatriement de M. Page et de ses compagnons ; il y réussit au bout de quelques mois, en août 1841.

Intervention anglaise.

Nous continuerons par quelques détails sur les expéditions entreprises par le rajah James Brooke avec le concours de la marine de guerre anglaise.

En mai 1843, les chaloupes du *Dido*, conduites par le rajah Brooke et le lieutenant Horton, eurent un engagement assez sérieux avec les jonques de la tribu des Illanun ; dans cette affaire, on captura un bateau portant trois canons que l'on reconnut appartenir au rajah de Rhio.

Plusieurs expéditions furent aussi entreprises dans les environs de Sarawak et réussirent, sans pertes sensibles du côté des Anglais. Par suite de changements survenus dans l'escadre anglaise, le *Dido* fut rappelé en Chine. James Brooke regretta beaucoup le départ du navire anglais et le capitaine Keppel partit après avoir rendu visite à Muda-Hassim, lequel lui déclara être de cœur avec lui pour la destruction des pirates dyaks.

Le *Dido* s'arrêta d'abord à Singapour et, de là, fit voile pour Hong-Kong. A Canton, l'équipage fut d'un grand secours pour combattre l'incendie qui détruisit une partie de la ville. Le navire accompagna ensuite le commandant en chef, dont le pavillon était sur le *Cornwallis*, et toucha à Manille ; de là, il retourna à Hong-Kong et, ensuite, à l'île de Pinang. Peu après, le capitaine Keppel rencontrait son ami, M. Brooke, qui était venu à Singapour conférer avec l'amiral Parker. Il apprit que, non content de lutter dans sa nouvelle principauté, le rajah James Brooke avait fait partie d'une expédition, composée du *Wanderer* et de *l'Harlequin*, dirigée contre les Atchinois, coupables de piraterie et du pillage d'un navire marchand anglais. Il y avait eu de grandes pertes de côté et d'autre et James Brooke, lui-même, avait été blessé à la tête et au bras.

Notre héros put obtenir le retour prochain du *Dido* à Sarawak et, pendant que ce bâtiment visitait Calcutta et Hong-Kong, il revint dans sa principauté à bord de *l'Harlequin*.

Lors de son retour, le rajah trouva la ville de Sarawak en quelque sorte assiégée par un parti de Malais commandés par Seriff Sahib, lequel faisait courir le bruit que le rajah Brooke était retourné en Europe et ne reviendrait plus. Deux cents bateaux dyaks et une vingtaine de jonques malaises étaient réunis à l'entrée du delta de Sadong lors de l'arrivée de *l'Harlequin*. Le rajah de Sarawak fut reçu avec joie par ses sujets, et, plein d'ardeur, il résolut de punir de suite Seriff Sahib de sa témérité. Bientôt le *Dido* revint et l'escadrille se trouva complétée par le steamer *Phlegethon* qui, par suite de son petit tirant d'eau, devait être très utile pour l'expédition que l'on allait entreprendre dans les rivières.

Les forces dirigées contre les pirates sakarrans se composaient du steamer et des embarcations du *Dido* avec un assez grand nombre de bateaux indigènes montés par des gens de Sarawak et des Dyaks ralliés à la cause du rajah ; le départ eut lieu le 5 août 1844.

On se dirigea vers les fortifications en terre et bambou élevées à Patusen ; l'attaque fut vive et les pirates répondirent assez bien au feu de l'artillerie, mais les équipages du *Dido* ayant réussi à débarquer au pied des forts, les partisans de Seriff Sahib prirent la fuite. L'affaire fut habilement dirigée par le premier lieutenant Wade ; on trouva dans le fort principal 64 canons en bronze et plusieurs en fer. La ville de Patusen, pillée par les alliés indigènes, fut livrée aux flammes.

L'expédition se dirigea ensuite vers les fortifications élevées sur la rive gauche de la rivière Graham où elles protégeaient la résidence du chef des pirates. Attaquée de face et en arrière, par suite d'un mouvement tournant, la place fut abandonnée par ses défenseurs et tout ce que possédait Seriff Sahib tomba entre les mains des Anglais conduits par M. Brooke. A la suite de cette affaire, on divisa les forces anglaises et indigènes en trois corps que l'on dirigea ensuite sur la résidence du chef des Sakarrans appelé Seriff Muller ; on pensait que ce dernier disposait d'environ 1,500 hommes, mais, en arrivant devant la ville, on la trouva abandonnée ; elle fut de suite occupée, puis pillée et brûlée. Mais, au moment où l'expédition s'y attendait le moins, elle rencontra plusieurs centaines de bateaux, montés par des Dyacks, lesquels paraissaient disposés à disputer le passage.

La colonne dirigée par le rajah Brooke et le lieutenant Wade engagea vivement la lutte, mais bientôt les Dyaks, armés généralement de flèches, de lances, de javelots et de

mauvais fusils, ne purent tenir devant le feu de la mousque-
terie et de l'artillerie; ils se dispersèrent et débarquèrent
pour disputer la possession des villages situés près de là.

S'engageant imprudemment, le lieutenant Wade fut tué
d'un coup de feu dans la poitrine, au moment où il organisait
la poursuite des Dyaks. Sa perte fut très sensible pour le
chef de l'entreprise qui ordonna pour le lendemain des funé-
railles solennelles auxquelles tous ceux qui faisaient partie
de l'expédition assistèrent.

Peu de temps après, dans un autre engagement, M. Steward, ancien officier qui servait en qualité de volontaire, et
un chef allié nommé Patingi-Ali, trouvèrent la mort ainsi
que 29 autres Malais, en essayant de prendre à l'abordage six jonques malaises montées chacune par environ
100 hommes. Cette affaire fut la plus meurtrière de l'expédition, car il y eut, en outre, 56 blessés parmi les troupes du
rajah Brooke.

L'expédition se termina par la prise de Karangun, et les
troupes rentrèrent à Sarawak le 24 août.

On apprit que Seriff Sahib s'était réfugié dans la direction
de la rivière Linga et qu'avec l'aide de Seriff Safer, il cher-
chait à réorganiser ses forces. On résolut de le poursuivre,
et, le 24 août, la flottille, augmentée des bateaux du *Samarang*, se mit à la recherche du chef des pirates de cette
région ; on jeta bientôt l'ancre dans la Linga. Sahib, averti,
put s'enfuir, mais seul et abandonné de tous les siens. Tout
le pays fut soumis, et, lorsque le rajah Brooke ancra à But-
ting, résidence de Seriff Safer, celui-ci fut obligé de se sou-
mettre et d'abandonner tous ses droits.

Les forces anglaises et alliées rentrèrent à Sarawak le
4 septembre. L'heureuse issue de l'expédition eut pour résultat l'augmentation des possessions de Brooke dont le prestige
s'accrut en même temps.

Le *Dido* quitta alors l'île de Bornéo pour Singapour et, de
là, revint en Angleterre où, à son retour, le capitaine Keppel

publia, sous le titre *Expédition to Borneo*, le récit des événements dont Sarawak avait été le théâtre.

L'amirauté complimenta le capitaine Keppel, le lieutenant Horton et le lieutenant Hunt, du *Dido*, ainsi que MM. Coveley et Simson, du *Phlegethon*, pour leur zèle et le courage qu'ils avaient montré dans cette expédition.

Les deux pertes importantes furent celles du lieutenant Wade et de M. Georges Steward ; nous avons indiqué plus haut en quelles circonstances ils trouvèrent la mort.

Le lieutenant Wade et M. Georges Steward.

Le lieutenant Charles-Francis Wade avait eu une carrière assez mouvementée. Fils du révérend Wade du comté de Tipperary, en Irlande, il montra aussi de très bonne heure des dispositions pour les expéditions lointaines. Se trouvant à Londres, il partit comme volontaire à bord du navire de guerre *Valourous*, commandé par le comte de Huntingdon et commissionné pour les Indes orientales. Passant ensuite sur le stationnaire *Barham*, on le trouve plus tard comme officier marinier à bord du vaisseau l'*Océan*, à Sherness (Angleterre).

C'est alors qu'il quitte la marine britannique pour, ainsi que plusieurs de ses camarades, prendre du service dans la légion anglaise qui fut organisée en Espagne par le colonel Colquhoun, pendant la guerre carliste ; il eut le grade de capitaine dans l'artillerie et se distingua au bombardement d'Irun.

Fait chevalier de l'ordre de Ferdinand et Isabelle la Catholique, il reçut en outre une médaille d'honneur pour sa conduite à Irun. Toutefois, il rentra en Angleterre en 1837 et reprit du service dans la marine anglaise. Il avait passé son examen de lieutenant en 1830 et avait été constamment de service à la mer, de 1824 à 1835. Réintégré dans les cadres, ce ne fut, malgré cela, qu'au couronnement de la Reine, qu'il reçut sa commission de lieutenant de vaisseau ; il servit sur le *Curaçao*, dans le Pacifique, et, en plusieurs circonstances, se fit remarquer par son savoir et son courage.

En 1842, il était nommé lieutenant en premier sur le *Samarang*, de la station des Indes, puis passait sur le *Driver*, et était premier lieutenant sur le *Dido* depuis le 5 juin 1844, lorsqu'il fit partie de l'expédition où il périt dans les circonstances que nous avons relatées.

M. George Steward figurait en qualité de volontaire dans l'expédition et avait rang d'officier.

Il était né à Yarmouth, en Angleterre, et entra de bonne heure au service de la Compagnie des Indes orientales, comme *midshipman* (1); il acquit le grade de lieutenant et était sur le point d'être nommé au commandement d'un navire de premier rang, lorsque le Parlement abolit les privilèges de la Compagnie dont les officiers furent mis en retraite ou en demi-solde.

Beaucoup d'officiers de la Compagnie s'engagèrent dans la marine marchande et, mis en relation avec M. Brooke, M. George Steward prit la direction d'une entreprise ayant pour but de faire le commerce entre l'Angleterre et le nouveau territoire de Sarawak. Dans ce but, l'ancien officier quitta les Iles Britanniques en mars 1843, sur un excellent voilier appelé *Ariel*. En juin, il était à Singapour et là, ayant appris que les pirates dévastaient les côtes de Bornéo, il se rendit de suite à Sarawak où le rajah Brooke lui donna un commandement dans l'expédition organisée, et où, comme nous l'avons dit, les bateaux qu'il dirigeait ayant eu leur retraite coupée, il fut tué en essayant de prendre les jonques ennemies à l'abordage.

---

(1) Aspirant.

M. James Brooke, rajah de Sarawak, nommé agent spécial d'Angleterre à Bornéo.

Le capitaine Keppel fut remplacé par le capitaine Bethune, et, en 1845, une escadrille composée du *Phlegethon* et du *Samarang* transporta le rajah Muda-Hassim à Bornéo et visita Ambun et l'île de Labuan.

En février 1845, M. James Brooke reçut une lettre de lord Aberdeen, par laquelle le gouvernement anglais lui annonçait sa nomination d'agent spécial d'Angleterre à Bornéo. Le ministère donnait en même temps à son nouvel agent l'ordre de remettre au sultan de Bornéo et à Muda-Hassim la réponse du gouvernement anglais au sujet de leur demande d'assistance pour la répression de la piraterie sur les côtes de Bornéo.

James Brooke, escorté par l'escadre anglaise, se rendit à Bornéo et fut reçu avec tous les honneurs dus au représentant d'une grande puissance. La lettre fut présentée et lue en grande pompe; il y eut échange de présents, et le sultan fit exprimer le désir de voir les Anglais s'établir plus près de lui, à Labuan : « *I want to have the Europeans near me.* — J'ai besoin d'avoir des Européens près de moi, dit-il. »

Comme de raison, on prit bonne note de ce désir et, peu après sa visite, James Brooke s'arrêta à Labuan qu'il décrit ainsi : « Une île de 50 pieds de haut, de 25 milles de circonférence, boisée; on y trouve de l'eau en assez grande quantité; bon climat, genre de celui de Bornéo; bon ancrage, des mines de charbon existent dans le nord-est; Labuan est excellent comme port de refuge. »

En mai 1845, le rajah Brooke passa quelque temps à Singapour où il eut plusieurs entrevues avec l'amiral Cochrane, et il fut décidé que ce dernier rendrait visite au sultan de Bornéo pour demander réparation au sujet de l'arrestation et de l'emprisonnement de deux sujets anglais retenus indûment par un chef dépendant du sultan.

L'amiral et M. James Brooke, agent spécial d'Angleterre, parurent bientôt devant Bornéo avec une flotte composée de huit vaisseaux de guerre. Dans ses *Mémoires*, James Brooke fait une comparaison de ses débuts avec son petit navire le *Royaliste* et la force des huit bâtiments dont il disposait quatre ans plus tard.

M. James Brooke et l'amiral eurent audience du sultan et formulèrent leurs réclamations; Osman-Ali et Muda-Hassim firent observer que l'agression n'était nullement de leur fait, mais provenait d'un chef indépendant, le Pangeran Usop, plus puissant qu'eux, et que, si l'Angleterre voulait punir elle-même ce chef, ils l'aideraient de tout leur pouvoir.

En conséquence, on organisa une flottille qui, le lendemain, 18 août, se dirigea vers la résidence d'Usop, lequel, sommé de donner satisfaction, répondit par une décharge d'artillerie. La position fut canonnée par les steamers et bientôt la résidence était en feu. On fit descendre un détachement qui prit possession des fortifications abandonnées, on brûla les maisons; mais le chef, Usop, avait pu s'échapper, et les seuls trophées furent 28 canons que l'on transporta à bord des navires.

Bataille de Malludu.

L'amiral Cochrane continua la poursuite des pirates et, le 19 août, se trouvant dans la baie de Maloodoo, il y eut un engagement fort sérieux des forces anglaises et de Sarawak contre les Malais ralliés à la cause de Seriff Houseman.

Sous la direction du capitaine Talbot, 24 bateaux contenant 550 marins et soldats d'infanterie de marine remontèrent la rivière, et se trouvèrent bientôt en face de deux forts armés de 12 canons, défendus par environ 1,000 hommes et commandés par Seriff Houseman en personne. L'ennemi avait construit un fort barrage-estacade fait d'arbres et de bambous, et relié avec des chaînes qui empêchaient l'approche et le débarquement dans cette partie de la rivière fort resserrée.

Il y eut un essai d'entente de la part de Sériff Houseman, qui envoya un parlementaire, mais le capitaine Talbot ne voulut accepter qu'une reddition sans condition ; ce à quoi il lui fut répondu par un feu très violent parti des forts, feu auquel les Anglais ne purent répondre qu'imparfaitement, les efforts faits pour briser le barrage restant impuissants. Enfin au bout d'une heure et malgré la pluie de projectiles, l'estacade fut rompue ; alors quelques bateaux purent passer, les batteries basses cessèrent leur feu, et lorsque les défenseurs virent les Anglais s'élancer à l'attaque des fortifications, ils prirent la fuite.

Dans cette affaire, appelée par les Anglais la bataille de Malludu, ils eurent 6 tués et environ 20 blessés. On trouva dans le fort beaucoup de marchandises et d'objets divers provenant du pillage de navires anglais et allemands ; on captura aussi 13 canons, en outre de ceux qui armaient les forts, les objets de valeur ayant été enlevés ; tout le reste fut livré aux flammes.

Dans son rapport, le capitaine Talbot se loue beaucoup de M. Williamson, l'interprète malais du rajah Brooke, et regrette la mort de M. Gibbard, officier marinier, mortellement blessé en dirigeant l'attaque contre le barrage.

Plus tard, un chef allié, le Pangeran Budrudeen poursuivit le Pangeran Usop et captura tout ce qu'il possédait ; ses femmes et ses enfants tombèrent même en son pouvoir.

Cession de Sarawak à M. James Brooke et de l'île de Labuan à l'Angleterre.

Le rajah Brooke retourna à Sarawak en septembre, et, avec le capitaine Bethune, fit une excursion chez les Dyaks,

Ils visitèrent les tribus de Suntah, Stang, Sligo et Sampro où ils furent parfaitement reçus; la population de ces tribus était alors d'environ 14,000 habitants.

Parmi les pirates des côtes de Bornéo, il y avait trois classes distinctes : les Illanuns et Balagnini, bien équipés, hardis et nombreux, qui étaient les pirates de haute mer, puis ensuite les Dyaks, pirates de côtes, ainsi que les Arab Seriff qui recherchaient plutôt la prise des esclaves. On a vu que les efforts du rajah Brooke, du capitaine Keppel et du capitaine Talbot avaient peu à peu porté un coup sensible à la puissance de ces écumeurs de mer. Aussi, le sultan de Bornéo, voulant donner à James Brooke une marque de sympathie et de reconnaissance, lui céda à perpétuité pour lui et sa famille le territoire de Sarawak, en lui confirmant son titre de Prince-Rajah.

Par suite de la sécurité relative qui existait, le commerce avec l'Angleterre commença à se développer, et les peuples du littoral et de l'intérieur, assez nombreux, hospitaliers et industrieux, firent échange de produits; cette possession devint une nouvelle source de richesse pour le commerce britannique. Sans l'intervention de James Brooke, qui eut aussi à lutter contre le mauvais vouloir et l'hostilité des autorités hollandaises, il est probable que, comme les îles voisines, Bornéo serait en ce moment entièrement soumise à l'autorité du gouvernement des Pays-Bas.

L'ancien gouvernement malais était organisé d'après le système féodal. Le sultan avait au dessous de lui les chefs, princes ou rajahs, lesquels étaient suzerains des *pangerans* ou princes du sang. Au dessous se trouvaient les *datus* ou nobles de descendance royale et les *orang-kayas* ou vassaux puissants.

En 1812, la ville de Bornéo, bâtie sur les bords de la rivière de ce nom, comptait environ 3,000 maisons et 16,000 habitants, Malais, Chinois, Dyaks, etc.; en 1846, elle en comptait 30,000.

Vers la même époque et à l'instigation de James Brooke qui en prit possession au nom du gouvernement anglais, l'île de Labuan, située à l'entrée de la rivière Bornéo, fut cédée par le sultan à l'Angleterre.

Voyage du rajah Brooke en Angleterre.

Au commencement de 1847, le rajah Brooke, dont le nom était devenu célèbre, fit un voyage en Angleterre. La reine Victoria le reçut au château de Windsor, lui conféra l'ordre civil du Bain, et peu après, ayant reçu les honneurs du Knighthood, notre héros devint, par ce fait, sir James Brooke, rajah de Saráwak.

L'Université d'Oxford lui conféra aussi le grade honoraire de docteur, et il fut reçu et fêté par la Cité de Londres et les grandes corporations ; en outre, le gouvernement le créa commissaire et consul d'Angleterre pour les États de Bornéo et gouverneur de Labuan. Ce fut la récompense la plus sérieuse pour lui, car loin d'augmenter sa fortune, sir James Brooke avait dépensé dans ses différentes expéditions la plus grande partie de ce qu'il possédait, et Sarawak ne lui rapportait pas encore suffisamment ; comme gouverneur de Labuan, il eut un traitement de 2,000 livres (50,000 francs).

Mais, bientôt, sir James Brooke fut en butte à l'envie et à la jalousie de ses concitoyens.

Critique et justification.

D'un caractère large, grand et généreux, sir James Brooke n'avait voulu aucun profit personnel dans les diverses entreprises où il avait été mêlé. Aussi, quand ses premiers succès dans l'Est furent connus, comme toujours il ne tarda pas à se former, sous le nom de *Eastern-Archipelago-Company*, une société financière et commerciale avec président, directeur, secrétaire, etc. Elle obtint du gouvernement la charte ou permission nécessaire, et annonça au public l'exploitation des contrées nouvellement acquises par James Brooke dans l'île de Bornéo. Sir James Brooke, à l'insu de qui l'affaire s'était montée, refusa absolument d'entrer dans la compagnie et de prendre part à ses opérations. Naturellement, il se créa ainsi des ennemis nombreux et puissants; on ne tarda pas à l'accuser d'avoir tiré profit de sa situation officielle comme représentant de l'Angleterre à Bornéo et d'en avoir abusé, de ne pas avoir favorisé le développement des relations commerciales de l'Angleterre dans ces contrées, d'avoir agi en dictateur et en tyran, en faisant massacrer de paisibles indigènes qu'il avait faussement représentés comme des pirates de la pire espèce.

Ces accusations furent répandues par la voie de la presse et répétées dans le Parlement.

Soutenu par la conscience de son droit et l'approbation des personnes qui l'avaient vu à l'œuvre, sir James Brooke, qui était à Sarawak, ne put se défendre que de loin contre ses ennemis, lesquels demandaient qu'une enquête parlementaire fût faite au sujet de ses agissements et de sa conduite.

Dans une dépêche adressée, le 2 février 1850, à lord Palmerston, sir James Brooke se justifia pleinement de toutes les accusations formulées contre lui.

Deux fois, en 1850 et en 1851, la Chambre des communes rejeta la demande d'enquête qui lui fut présentée, et les divers cabinets de lord John Russell, de lord Derby et de lord Palmerston approuvèrent successivement la conduite de sir James Brooke.

Cette hostilité de ses compatriotes fut très sensible au conquérant de Sarawak, et un homme qui avait rendu tant de services à son pays et à l'humanité fut obligé de se justifier comme un individu accusé de crimes de droit commun; ses adversaires le comparaient à Verrès et à Warren-Hastings.

Heureusement que l'opinion publique fit bonne et prompte

justice de ces accusations. Du reste, la question, portée devant la Cour du Banc de la Reine, présidée par lord Campbell, se termina par une justification complète, à la majorité de sept contre un.

Malgré cela, par suite des intrigues de ses ennemis, et au moment où, pour donner satisfaction à tous, le gouvernement de lord Derby était disposé à offrir à sir James Brooke une autre situation en qualité de représentant de l'Angleterre dans l'archipel indien, le ministère suivant ne confirma pas la proposition de son prédécesseur, et sir James Brooke fut remplacé comme gouverneur de l'île de Labuan; il ne fut plus que commissaire, consul général à Bornéo et rajah de Sarawak.

Les dernières années de sir James Brooke.

Dans sa principauté, le rajah continua la pacification de cette côte de Bornéo et fit connaître à ses sujets les bienfaits de la civilisation.

Malgré cela, en 1857, pendant l'insurrection fomentée par la population chinoise, il eut la douleur de voir sa maison brûlée et sa bibliothèque ainsi que ses papiers détruits.

L'ordre rétabli, la pacification terminée, sir James Brooke revint en Angleterre en 1858 et y fut atteint de paralysie partielle. Ses admirateurs et ses amis profitèrent de sa présence pour organiser une souscription avec le produit de laquelle on lui acheta une propriété dans le sud du Devonshire, où il pourrait se reposer de ses travaux.

Mais Bornéo l'attirait de nouveau, et, en 1861, il revoyait Sarawak qu'il avait laissé sous la garde et la direction de son neveu, M. Charles Brooke. Il arriva juste à temps pour apporter son concours à la répression d'une révolte dans le nord-ouest de l'île; il revint ensuite en Angleterre, mais presque aussitôt se voyait obligé de retourner à Bornéo pour l'arrangement de certaines difficultés intérieures. Il quitta pour la dernière fois Sarawak en 1863 et se retira dans son domaine du Devonshire.

C'est là qu'après une vie, sinon glorieuse, du moins utile à son pays et pleine d'enseignements pour tous, il rendit le dernier soupir en juin 1868, à la suite d'une nouvelle attaque de paralysie.

Comme l'indiqua sir James Brooke dans la préface du livre de son neveu : *Ten years in Sarawak (Dix ans à Sarawak)*, le grand grief du rajah de Sarawak contre sa patrie était de la voir cesser d'encourager et de récompenser les entreprises du genre de celle qu'il avait pu mener à bonne fin.

« Je reconnus la vérité de ceci, disait-il. Les nations sont comme les hommes ; les jeunes espèrent plus qu'elles ne craignent, et les vieilles craignent plus qu'elles n'espèrent. »

Le rajah Brooke eut du moins la consolation de voir sa principauté reconnue comme État indépendant par l'Angleterre, l'Amérique et l'Italie, et d'assister à l'éclosion rapide de la ville de Sarawak qui, inconnue en 1841, comptait 20,000 habitants en 1863 ; le chiffre de l'importation était arrivé à 103,000 livres (2,575,000 francs), celui de l'exportation à 96,600 livres (2,415,000 francs), et les relations commerciales avaient lieu principalement avec Singapour et la Métropole.

En témoignage de gratitude nationale et quelque temps après sa mort, le buste de sir James Brooke, rajah de Sarawak, fut placé dans l'abbaye de Westminster, le Panthéon de l'Angleterre.

Brooke II, rajah de Sarawak.

Par son testament, sir James Brooke avait légué ses possessions de Sarawak à son neveu, M. Charles Johnson Brooke, qui, entré dans la marine royale dès l'âge de 12 ans, en était sorti dix ans plus tard avec le grade de lieutenant ;

il avait déjà pris part aux diverses expéditions de Bornéo-Sarawak sous les ordres du capitaine Keppel et de l'amiral Cochrane.

Ayant donné sa démission, on le trouve dès 1852 le plus ferme appui de son oncle pour l'administration des possessions de Bornéo-Sarawak.

Sous le titre de : *Ten years in Sarawak,* il a publié le récit des événements qui ont eu lieu dans la principauté de 1852 à 1862, et, pendant les fréquents voyages de sir James Brooke, c'est lui qui le suppléait et le représentait.

Il nous reste à voir ce qu'est actuellement cette principauté de Sarawak.

Par une récente communication, nous apprenons que la population de ce pays est de près de 300,000 habitants ; que le montant de l'importation et de l'exportation atteint annuellement 25 millions de francs, et que ce chiffre d'affaires, qui peut tripler d'ici peu, a lieu presque exclusivement avec l'Angleterre ou les colonies anglaises voisines.

Par suite d'agrandissements successifs, le territoire actuel de Sarawak peut être comparé à l'Ecosse au point de vue de l'étendue ; des mines de charbon, d'étain, de cuivre y sont en exploitation, et le café, le thé et le poivre y sont cultivés avec succès.

En principe, le gouvernement est une monarchie absolue et héréditaire, et M. Charles Brooke, le rajah actuel, qui est âgé d'environ 60 ans, est assisté d'un conseil de six membres: deux Européens et quatre indigènes. La tranquillité paraît complète et les pirates ont entièrement disparu ; il y a aussi une armée et une marine régulières et un budget spécial.

La justice y est organisée aussi correctement que possible, le tout copié sur ce qui existe en Angleterre ou dans ses colonies.

Le rajah sir James Brooke marquait, dans la préface dont nous avons déjà parlé, que les citoyens de Sarawak jouissaient de tous les privilèges que peuvent avoir les Anglais chez eux ; qu'ils prennent part au gouvernement et sont consultés au sujet des impôts ; qu'en fait, ils sont hommes libres.

En résumé, quoique indépendante, cette principauté de Sarawak est presque entièrement dans les mains de l'Angleterre et soumise à son influence ; cette nation a pu se procurer ainsi, à peu de frais et sans risques, une colonie dont l'avenir est très brillant, et qui finira sans doute par absorber les parties indépendantes existant encore dans le nord de l'ile.

Cela est dû à l'initiative de sir James Brooke, qui en peu de temps a pu, à force de courage et de persévérance, augmenter la richesse et l'influence de sa patrie et illustrer son nom.

Eu égard aux résultats obtenus par l'initiative anglaise dans ces parages et pensant que, contrairement à ce qui est dit généralement, la France est apte à coloniser, nous croyons que le récit des événements de Sarawak doit donner confiance à notre nation pour les entreprises du Tonkin où, avec des moyens plus puissants et dans une contrée beaucoup plus peuplée et plus productive, nous pouvons fonder une magnifique colonie, laquelle, si elle suit la progression de Sarawak, sera pour la France un puissant débouché pour son industrie et son commerce, en même temps qu'elle augmentera dans ces parages l'influence et l'autorité de notre chère patrie.

ULYSSE GRANT

LE GENERAL ULYSSE GRANT

GUERRE DE SÉCESSION. — SIÉGE DE VICKSBURG

Inconnu à 40 ans, célèbre à 42; c'est ainsi qu'on pourrait qualifier le général Grant.

Les Grant, on le sait, sont fort nombreux en Ecosse, et plus d'une famille réclame sa filiation directe avec celle du général américain.

En 1630, Mathieu Grant, puritain rigide, quitta l'Angleterre et, fixé d'abord en Amérique dans le Masachusset, alla s'établir ensuite dans le Connecticut. Ses fils se signalèrent dans différentes expéditions entreprises contre les Indiens, et il est connu que l'aïeul d'Ulysse Grant fut l'un des officiers de Washington pendant la guerre de l'Indépendance.

Noé Grant s'était établi dans la Pensylvanie avec Jessi Grant, son fils. Ce dernier se fixa ensuite dans l'Ohio, et c'est dans cet Etat qu'il épousa en 1822 miss Hannah Simpson et eut pour fils Ulysse Grant, lequel naquit à Point-Pleasant, le 27 avril 1822.

De l'enfance du futur général nous ne retiendrons que ceci, qu'il se distingua toujours par un caractère paisible, mais opiniâtre, et que son instruction était très élémentaire lorsque, sur la présentation et la recommandation de M. Washburne, membre du Congrès pour l'Ohio, il entra comme élève à l'Ecole militaire de West-Point, le 27 avril 1839.

A cette époque, les programmes n'étaient pas très surchargés à West-Point : un peu de géométrie, d'arithmétique, quelques dissertations sur les auteurs anglais du xviiie siècle, voici ce qui était principalement enseigné, avec quelques notions sur les langues vivantes ; mais on donnait une importance très grande aux exercices du corps et aux manœuvres militaires ; de longues courses à cheval à travers les bois étaient souvent organisées.

Ulysse Grant, très habile dans les exercices du corps, dut travailler avec assiduité pour se mettre au niveau de ses condisciples dont plusieurs devinrent plus tard ses ennemis et ses adversaires ; on le signale comme fort en mathématiques ; mais, par contre, les langues étrangères et principalement le français, pour lequel il avait peu d'aptitude, étaient pour lui sans attrait. On a même fait remarquer que les échecs que Grant avait subis à West-Point dans l'étude de notre langue furent le point de départ de l'hostilité qu'il montra contre notre pays en différentes circonstances.

A sa sortie de l'École, qui eut lieu en 1843, Grant fut nommé lieutenant en second au 4° régiment d'infanterie, à Jefferson, dans le Missouri, et il prit part à l'expédition du Mexique. Il se signala notamment au combat de Chaputepek qui eut lieu le 13 septembre 1847. Le congrès lui vota même des félicitations à ce sujet, et il rentra aux Etats-Unis avec le grade de lieutenant en premier et le brevet de capitaine.

A Detroit, dans le Michigan, Grant épousa miss Julia Dent, sœur d'un de ses amis. Les jeunes époux habitèrent d'abord la Californie et plusieurs endroits des postes frontières ; mais bientôt cette vie triste et nomade et le peu de perspective d'avancement déterminèrent le capitaine Grant à donner sa démission, le 31 juillet 1854.

D'abord fermier dans le Missouri, près de Saint-Louis, Grant se fit ensuite marchand de bois ; puis, comme il ne réussissait pas, il se mit agent pour la vente des terrains ; mais, sans goût ni aptitude pour les affaires, le succès ne couronna pas ses efforts, de sorte qu'il entra bientôt comme employé dans les contributions.

Voyant alors la position précaire de son fils aîné, Jessi Grant lui offrit un emploi d'environ 200 francs par mois dans la tannerie qu'il avait fondée dans l'Illinois. Grant accepta, et lui et sa nombreuse famille vinrent se fixer à Galena.

L'ancien élève de West-Point, l'ex-capitaine, vécut ainsi quelque temps triste et ignoré, ayant pour principale occupation l'achat et la réception des peaux d'animaux, lorsque la guerre depuis longtemps prévue entre les États du Nord et ceux du Sud fut déclarée, après la prise du fort Sumter (14 avril 1861).

Peu de temps après l'élection du président Lincoln, et au sujet de la question de l'esclavage, la guerre de Sécession éclata. Dix États : les deux Carolines, la Floride, le Mississipi, la Louisiane, la Géorgie, l'Alabama, le Texas, une partie de la Virginie et le Tennessee déclarèrent leur séparation le 12 juin 1871 et se détachèrent de l'Union en élisant Jefferson-Davis comme président, adoptant Richmond comme capitale, et levant une armée pour combattre celle des autres États.

Le gouvernement de Washington décida l'appel de 75,000 volontaires. C'est alors que Grant offrit ses services et fut chargé d'organiser une compagnie de milice à Galena.

Bientôt après, il régla ses affaires de famille et se rendit à Springfield, où il offrit son concours au gouverneur Yates; mais celui-ci ne lui donna qu'une place de commis dans les bureaux d'enrôlement ; Grant accepta.

Le désordre et la confusion étaient à leur comble dans la ville, et une rébellion ayant eu lieu au 21e régiment de l'Illinois, le gouverneur se trouva heureux d'avoir l'appui de Grant, qui fit rentrer tout dans l'ordre. Le grade de colonel fut sa récompense.

Sous la direction de Grant, le 21e Illinois se signala brillamment dans plusieurs affaires, de sorte que peu après, et sur la recommandation du secrétaire d'État Washhurne, Grant était promu brigadier général, avec commandement de l'Illinois et du Missouri.

Il s'agissait alors de fermer l'entrée du Kentucky aux Confédérés, et de couvrir Washington.

Grant y réussit en occupant Cairo et Paducah. Après le combat indécis de Belmont, il profita de quelques moments de répit pour organiser ses troupes et les instruire ; puis, reprenant l'offensive, Grant s'empara de Fort-Henry, le 4 février 1862. Encore vainqueur à Donelson, ce fut son premier succès sérieux, car il fit 1,200 prisonniers, s'empara de plusieurs pièces d'artillerie et de munitions.

La nouvelle de cette victoire releva le courage des Fédéraux, dont l'armée dite « du Potomac » avait été complètement battue par les Sudistes à Bull's Run.

Dès lors, commença la popularité de Grant. Après la bataille sanglante qui eut lieu près de Corinthe et où Beauregard et Johnston résistèrent longtemps aux forces de Grant et de Buell, Corinthe dut être évacuée ainsi que tout le Tennessee.

Nommé général commandant de toutes les armées de l'Ouest, Grant, qui connaissait toute l'importance stratégique de la position de Vicksburg, résolut de s'emparer de cette ville.

Vicksburg est une ville située dans l'État du Mississipi, et bâtie sur les rives du fleuve de même nom ; elle avait une très grande importance pour les Confédérés, car elle était reliée aux Etats du Sud par la ligne de chemin de fer Vicksburg-Shreveport ; de plus, la ville commande complètement le cours du fleuve qui est le chemin naturel de l'Ouest vers la mer.

Le fleuve coule dans une large vallée, et son cours est très sinueux. A l'Est, la vallée est bornée par une rangée de collines s'élevant en quelques endroits à plus de 200 mètres.

La ville, située à 70 kilomètres de Jackson et à 500 de la Nouvelle-Orléans, n'avait alors qu'une population de 5,000 habitants ; c'était un grand entrepôt pour le coton, et une ligne de paquebots la reliait avec la Nouvelle-Orléans.

Vicksburg était donc d'une importance capitale pour le Nord comme pour le Sud et, vers la fin de 1862, cette place devint l'objectif de l'armée fédérale. Le général Grant suivit d'abord la route du Mississipi central, avec Columbos dans le Kentucky pour base ; puis une autre colonne descendit la rivière sur des transports, en prenant Memphis comme point d'appui.

Mais ces mouvements, qui eurent lieu vers novembre 1862, ne réussirent pas, et même le corps commandé par le général Sherman essuya un échec sérieux à Haines-Bluff.

Grant conçut alors un plan hardi : il abandonne sa base d'opérations et transporte toute son armée au sud de Vicksburg, ce qui pouvait avoir pour conséquence de lui faire couper ses lignes de communication en face d'une ville qui, quoique n'ayant pas de fortifications permanentes importantes, contenait une armée considérable qui avait pu, à loisir, construire des retranchements de toutes sortes, et profiter des accidents de terrain, pour élever un système de fortifications passagères permettant de prolonger la résistance.

Plusieurs mois se passèrent en préparatifs de toutes sortes.

Le 29 avril 1863, les troupes fédérales étaient à Hard-Point et la flotte, sous la direction de l'amiral Porter, fit une attaque sur Grand-Gulf ; mais la place était bien gardée par les troupes du général confédéré Pemberton, et on dut chercher un autre endroit pour le passage du fleuve.

Pendant la journée du 30 avril, on s'occupa du transport des troupes ; l'armée fédérale traversa le Mississipi non loin de Bruinsburg et se dirigea sur Port-Gibson.

Le 1er mai, l'avant-garde rencontra les troupes confédérées du général Bowen, à environ 4 milles de Port-Gibson ; l'action fut sérieuse et se termina par la retraite des Sudistes qui, en se retirant, détruisirent ponts et routes, ce qui retarda la marche du général Grant, mais ne l'empêcha pas d'être à

Grand-Gulf, le 3. A cet endroit, il fut renforcé par le corps d'armée Sherman.

On continua la marche sur Vicksburg, mais à Raymond, les divisions Logan et Crocker du corps fédéral Mac-Pherson furent attaquées par les Confédérés, sous le commandement du général Gregg, et celui-ci fut obligé de battre en retraite sur la ville de Jackson.

L'armée du général Grant se trouvait menacée sur son flanc droit par les troupes confédérées du général Johnston réunies dans la ville de Jackson, et sur son flanc gauche par celles du général Pemberton, qui se trouvaient à Vicksburg et aux environs.

Grant résolut de repousser d'abord Johnston avant d'engager la lutte contre Pemberton, et, le 14, les corps de Sherman et de Mac-Pherson attaquaient les positions situées autour de la ville de Jackson.

Les Sudistes furent battus et la place prise ; tout ce qui pouvait être utile à l'ennemi fut détruit.

Le 15, les troupes reprirent la direction de l'Ouest et rencontrèrent les troupes de Pemberton qui, après une lutte acharnée, furent obligées de quitter leurs positions de Champion-Hill et de battre en retraite sur Vicksburg ; les Fédéraux capturèrent 18 canons et firent près de 3,000 prisonniers.

Les Confédérés cherchèrent encore à entraver la marche des Fédéraux. Le 17 eut lieu une autre bataille assez importante près de la rivière Big-Black ; Grant fut encore victorieux, il prit plusieurs canons et fit 1,500 prisonniers.

Peu après, les Fédéraux, ayant rétabli les voies de communication, se trouvèrent devant les ouvrages extérieurs de Vicksburg.

Profitant de la démoralisation causée dans l'armée des Sudistes par leurs défaites précédentes, Grant fit donner immédiatement l'assaut aux positions ennemies. Mais là, les Fédéraux furent repoussés.

D'importantes fortifications avaient été élevées tout autour do la place, et les Fédéraux trouvaient là une résistance et des difficultés auxquelles ils ne s'attendaient pas.

Grant dut faire construire des retranchements pour se protéger, et comme, par suite de la rapidité des mouvements et de la destruction des routes, le ravitaillement de l'armée ne se faisait pas d'une manière régulière, les soldats furent obligés d'endurer des privations auxquelles ils n'étaient pas habitués.

Le manque de pain leur fut surtout très sensible ; mais peu après, grâce à l'activité du général en chef et aux mesures prises par les officiers d'intendance, le ravitaillement de l'armée fut assuré.

Grant savait que Johnston se trouvait en arrière de lui, à environ 50 milles, avec une armée d'importance au moins égale à la sienne qui comptait 40,000 hommes ; il voulut donc brusquer le dénouement et ordonna une deuxième attaque des fortifications ennemies pour le 22 mai.

L'action commença par un violent combat d'artillerie, puis à 10 heures, les Fédéraux s'élancèrent à l'assaut des retranchements ; les Confédérés, bien commandés et parfaitement protégés, causèrent de grandes pertes aux Fédéraux qui ne réussirent qu'à planter quelques drapeaux sur les retranchements.

Par deux fois, le général Mac-Clernand demanda des renforts au général Grant, affirmant que cela lui permettrait de s'établir d'une manière définitive dans les positions ennemies.

Grant lui envoya la division Quinsby, et il fut ordonné aux généraux Sherman et Mac-Pherson de renouveler leur attaque pour faire diversion et aider Mac-Clernand ; mais cela n'eut pour résultat que d'augmenter les pertes des assaillants, car, à la nuit, les troupes fédérales durent rentrer dans leurs campements, le deuxième assaut ayant complètement échoué.

Le général Grant vit que le seul moyen pratique était

d'entreprendre le siège régulier de la place. La flotte fut chargée du blocus du côté du fleuve, et lorsque le corps de Sherman eut occupé la droite, que celui de Mac-Pherson se fut fixé au centre, et que Mac-Clernand eut pris position à gauche jusqu'à Warrenton, la ville et ses défenses se trouvèrent entourées et investies.

Les Confédérés avaient leurs lignes principales à environ 3 milles de la ville ; par sa forme accidentée, le terrain se prêtait admirablement à la défense.

Grant fit ouvrir la tranchée et construire de nombreuses batteries ; les travaux d'approche furent menés avec toute la célérité possible, mais il fallait tout improviser, car l'armée fédérale comptait très peu d'officiers de l'armée régulière ayant fait des études spéciales en vue des travaux de siège.

L'armée assiégeante ne disposait que de 6 canons de siège de 32 livres ; on compléta l'armement des batteries avec les pièces de campagne et des canons de marine fournis par la flottille de l'amiral Potter ; ce furent des marins qui servirent ces dernières pièces.

On fit même des canons en bois dur, cerclés de fer, ils furent forés pour des projectiles de 6 à 12 livres.

Les travaux d'approche furent exécutés pour la plupart par les pionniers avec l'aide d'un assez grand nombre de travailleurs nègres que l'on put recruter. Le 30 juin, le travail était fort avancé et 220 pièces se trouvaient en batterie.

Les troupes ne restaient pas inactives, car des engagements avaient lieu tous les jours.

La division Blair fut chargée spécialement de l'observation du corps de Johnston ; elle assura aussi le ravitaillement de l'armée. Par suite de l'arrivée de nombreux renforts, Grant se trouva bientôt à la tête d'une armée de 71,000 hommes.

Le général Grant dut sévir contre le général Mac Clernand et le relever de son commandement pour avoir, contrairement aux ordres du Ministre de la guerre et du commandant en chef, adressé aux troupes du XIII° corps un ordre du jour qui fut jugé injurieux pour les autres troupes devant Viksburg.

Le campement des Fédéraux formait maintenant un camp retranché; et comme ceux-ci avaient pu intercepter les dépêches du général Johnston au général Pemberton, ils purent prévenir l'attaque de l'armée de secours.

Les tirailleurs des deux camps se trouvaient assez près les uns des autres; on put ainsi obtenir des renseignements certains sur la situation des assiégés. Le 25 juin, à 3 heures, on fit jouer la première mine contre les ouvrages de Viksburg; mais quoique l'attaque eût été précédée d'un bombardement sérieux et que deux régiments eussent pris position près de la brèche faite aux retranchements extérieurs, les Confédérés réussirent à empêcher la marche en avant des Fédéraux, qui, à la nuit, furent obligés de battre en retraite, après avoir été inquiétés par le feu des Confédérés. En cette occasion, les Sudistes firent avec assez de succès l'usage de grenades jetées à la main.

L'explosion d'une autre mine creusée sous l'un des principaux redans n'ayant eu aucun succès, on résolut de creuser des mines sur tout le front principal et de profiter de l'explosion pour faire une attaque générale.

On apprit aussi que, perdant tout espoir de secours, le général Pemberton dont les troupes s'étaient déjà mutinées en plusieurs circonstances, était résolu à passer en Louisiane avec son armée. A cet effet, il fit construire de nombreux bateaux pour passer le fleuve, mais l'amiral Potter déjoua toutes ces tentatives.

Dans un conseil de guerre que tint le général Pemberton, les quatre généraux commandant les corps d'armée sous ses ordres, furent d'avis qu'une plus longue défense était inutile, de sorte que le 3 juillet 1863, à 10 heures du matin, le drapeau blanc fut arboré sur les retranchements de Vicksburg.

Les hostilités cessèrent de suite; de côté et d'autre on était fatigué de la lutte.

Le général Bowen et le général Montgomery se présentèrent aux avant-postes portant une lettre du général Pemberton par laquelle il était demandé un armistice de quelques heures pour déterminer les termes de la capitulation de la ville. Le général confédéré marquait qu'il était encore en état de résister pendant longtemps, mais qu'il était seulement mû par le désir d'éviter une grande effusion de sang.

Le général Grant répondit verbalement qu'il n'admettrait qu'une reddition sans conditions, ajoutant que les hommes qui avaient montré tant de courage étaient sûrs d'avoir le respect complet de leurs adversaires, et que les prisonniers seraient traités avec tous les égards dus à leur haute valeur.

A 3 heures, le général Pemberton, accompagné de plusieurs officiers, se rendit au rendez-vous assigné par le général Grant, et comme celui-ci ne voulait rien changer à ses conditions, le général confédéré fit mine de se retirer, ajoutant qu'il lui était impossible de souscrire à de tels engagements.

Le général Bowen demanda que les Confédérés pussent sortir de Vicksburg avec tous les honneurs de la guerre en emportant armes et munitions. Ceci fut repoussé.

Pour marquer l'estime dans laquelle il tenait ses adversaires, et comme dernières conditions, Grant permit aux officiers de garder leur épée et leurs bagages; chaque soldat pouvait aussi garder ses effets particuliers, et des chariots devaient être prêtés pour le transport des blessés.

En ce moment, une grande partie de l'armée de Grant était éloignée de la ville et occupée à surveiller le corps de Johnston destiné à débloquer Vicksburg.

Le général Grant, pour ne pas avoir à garder et à transporter plus de 30,000 prisonniers, ce qui eût été un grand embarras pour lui en paralysant son action, décida que toute la garnison de Vicksburg serait prisonnière sur parole.

Le 4 juillet, toute l'armée confédérée de Vicksburg sortit de ses lignes et déposa ses armes en face de l'armée fédérale ;

et, lorsqu'une division de l'armée de l'Union eut pris possession de la ville et des principaux ouvrages, il fut permis aux Confédérés de rentrer dans leurs campements.

Presque aussitôt les deux armées fraternisèrent.

Le général Grant, ayant fait son entrée dans Vicksburg et pris possession effective de la ville, alla féliciter l'amiral Potter avec le concours duquel il avait pu mener l'expédition à bonne fin.

Lorsque les formalités eurent été remplies, les troupes confédérées sortirent de la ville et furent remises au major Wats chargé de l'échange des prisonniers.

Grant avait averti de suite le gouvernement de Washington de son succès ; le 8, il recevait une dépêche du général Halleck, ministre de la guerre, lequel lui marquait de retenir les prisonniers jusqu'à la réception d'autres ordres, car il craignait de voir ces prisonniers aller renforcer les rangs ennemis ; attendu, disait-il, qu'on avait eu l'exemple de nombreux manques de parole.

Grant répondit simplement qu'il était trop tard et que les prisonniers n'étaient plus en son pouvoir.

Les Fédéraux trouvèrent dans Vicksburg 170 canons et 60,000 fusils, ainsi qu'une grande quantité de munitions, et comme les armes des Confédérés étaient de bien meilleure qualité que celles des Fédéraux, ceux-ci échangèrent leurs fusils à pierre transformés en fusils à piston contre des armes belges d'origine pour la plupart, et qui avaient l'avantage d'être de même calibre et de meilleure fabrication.

Les armes soi-disant capturées à Vicksburg furent expédiées aux arsenaux, de sorte qu'on exposa comme trophées les armes ayant appartenu au Fédéraux et non celles des Confédérés.

La victoire de Grant eut une grande importance et un grand retentissement; de tous côtés, le général reçut des félicitations.

Sans s'arrêter à ce succès, Grant, après avoir pris toutes

les précautions pour assurer sa conquête, et rétabli les voies de communication, envoya des renforts au général Sherman, et lorsque son lieutenant, le général Banks, eut fait capituler le général Gardner, Grant porta tous ses efforts contre l'armée de Johnston qu'il rejeta hors du Tennessee.

D'après le rapport du colonel Robert Scott, voici quelles furent les pertes de l'Union, du 1er mai jusqu'au 4 juillet dans les opérations dirigées contre Vicksburg :

> Tués............ 1,514
> Blessés........ 7,395
> Disparus........ 453
> ___________
> Soit en tout................ 9,362 hommes.

Grant montra une grande énergie et une forte volonté dans la conduite du siège de Vicksburg; c'est pourquoi nous avons choisi cet épisode de la vie du général.

Dans cette occasion, la hardiesse et la ténacité du général Grant réussirent sans occasionner de pertes ni de dépenses excessives.

D'un autre côté, si les Confédérés eurent le tort d'éparpiller leurs forces et de se faire battre en détail, on peut faire remarquer que, dans la défense de Vicksburg, le général Pemberton et ses troupes firent preuve d'une solidité et d'un courage remarquables; les Sudistes avaient creusé de nombreuses tranchées et construit un grand nombre de batteries sur une longueur de 7 milles, toutes les attaques de vive force dirigées contre la place furent repoussées.

La ville de Vicksburg eut fort à souffrir du feu de la flottille de l'amiral Potter; pour se mettre à l'abri, les habitants s'étaient creusé des abris dans le revers des collines, de sorte qu'ils logèrent pendant longtemps dans des sortes de cavernes.

Mis en lumière par le fait d'armes de Vicksburg, et devenu

l'idole des Unionistes, Grant fut nommé généralissime des forces du Nord.

On sait que la guerre se continua jusqu'en 1865 avec des alternatives de succès et de revers.

Lee fut le digne adversaire de Grant, mais, après la prise et l'incendie de Richmond, la capitale confédérée, le vaillant général sudiste fut obligé de rendre son épée au général en chef des forces fédérales.

Le 9 avril 1865, la capitulation fut signée dans une ferme située non loin des campements fédéraux. Lee salua dignement et tristement son vainqueur puis lui remit son épée.

C'était une arme de très grand prix que les admirateurs du général sudiste lui avaient offerte, par souscription. Le général Grant salua Lee, prit l'épée, lut à haute voix les noms des batailles gagnées par Lee et qui étaient gravées sur la lame ; puis, rendant l'arme au général Lee, il lui dit, en se découvrant : « Général, je vous salue, gardez cette épée, vous seul êtes digne de la porter. »

Cette époque est la plus belle de la vie du général Grant, et si sa carrière se fût terminée à cette époque, en plein triomphe, lorsque le peuple des Etats-Unis le comblait de louanges et d'honneurs, il eût laissé une mémoire égale en gloire à celle de Washington.

Le général Grant, Président de la République des Etats-Unis, se fit de nombreux ennemis. Nous regrettons, pour notre part, de l'avoir vu manifester ses sentiments anti-français dans de pénibles circonstances.

Il fut, du reste, sévèrement puni de ses fautes politiques par la réprobation que soulevèrent certains actes de son administration, et par la ruine qui suivit les spéculations auxquelles il fut mêlé.

Grant mourut en 1885. On sait que le vainqueur de Lee, le héros d'Appomatox, avait été atteint d'une affection terrible, d'un cancer de la langue, qui lui occasionna de grandes souffrances, lesquelles ne prirent fin qu'avec sa vie.

Il avait été précédé dans la tombe par le général Mac-Clellan, le héros d'Antietam, justement appelé le Carnot américain.

LOUIS RIEL

LOUIS RIEL.

LE CANADIEN FRANÇAIS.

---

*Soulèvement des Canadiens français en 1870 et en 1885
sous la conduite de Louis Riel.*

En faisant exécuter l'arrêt de mort prononcé contre Louis
Riel, le gouvernement anglais et celui du Canada ont commis une grande faute politique et humanitaire.

Ce Canadien, en faveur duquel la presse française et une
grande partie de celle d'Angleterre, des États-Unis et du
Canada avaient intercédé, a été pendu, le 16 novembre 1885,
à Regina, où il était détenu. Comme nous l'indiquerons plus
loin, nous avons nous-même intercédé près des autorités
anglaises et canadiennes, et c'est avec la plus grande douleur que nous avons pu constater la non-réussite de notre
ntervention en faveur de ce descendant des anciens coloni-
sateurs français.

Au Canada, une grande agitation a eu lieu surtout parmi
la population d'origine française, et l'hostilité qui existe
depuis si longtemps entre l'élément anglais et l'élément français tend à s'accentuer pour arriver peut-être à une situation
aussi troublée qu'en 1838, lors du mouvement suscité par
Papineaud.

Au point de vue français, il nous paraît utile de donner
des détails sur l'origine et l'importance du mouvement qui a
eu un dénoûment si tragique. On comprendra l'intérêt qu'il
peut y avoir pour nous de connaître les événements qui se
sont passés dans notre ancienne colonie, lorsqu'on saura
qu'elle contient près d'un million et demi d'habitants d'ori-

gine française ayant conservé nos mœurs et l'usage de notre langue, sur les 4,324,000 qui composent la population totale mélangée d'environ 120,000 Indiens et de près de 400,000 étrangers principalement allemands.

On connaît la situation géographique du Canada et sa configuration.

La confédération appelée Dominion du Canada comprend les provinces de Québec, Ontario, Nouveau-Brunswik, Nou-. velle-Ecosse, territoire du Nord-Ouest et de Manitoba, plus la Colombie britannique et l'île du Prince-Edouard, récemment réunis. Ottawa est la capitale depuis 1859.

Le Canada est presque indépendant, quoique, en principe, le pouvoir exécutif appartienne à la reine d'Angleterre représentée par un gouverneur général.

Depuis 1867, il existe un gouvernement local composé d'un Sénat et d'une Chambre des communes ; de plus, un conseil privé assiste le gouverneur ; les ministres canadiens sont membres de ce conseil.

Chaque province a un gouvernement particulier sous la direction d'un lieutenant-gouverneur.

La défense de la colonie est assurée principalement par la milice ; l'armée anglaise n'est représentée que par des détachements des différentes armes ayant un effectif total de 1,400 hommes qui tiennent garnison à Halifax.

Depuis la malheureuse bataille de Québec où périrent les généraux Montcalm et Wolfe et qui eut pour résultat de nous faire perdre cette belle colonie du Canada qui fut définitivement cédée à l'Angleterre par le traité de Paris, en 1763, les colons d'origine française furent longtemps persécutés et maltraités, notamment dans l'Acadie.

Le mouvement de 1838 eut une certaine importance, mais, grâce à l'excellente administration de lord Durham, les hostilités cessèrent, et tout rentra dans l'ordre. Cela dura jusqu'en 1869.

Avant cette époque, le territoire de la rivière Rouge, dans

la province de Manitoba, dépendait de la compagnie de la baie d'Hudson; il était habité par de nombreuses familles indiennes ainsi que par environ 15,000 métis (*half breeds*), fils d'Européens, Français pour la plupart, et de mères indiennes.

Les habitants de ces contrées avaient déjà adressé diverses réclamations à la Compagnie de l'Hudson qui détenait indûment certaines parties de leur territoire lorsque, dans les derniers mois de 1869, cette Compagnie céda tous ses droits au gouvernement canadien moyennant le paiement d'une indemnité de 7,500,000 francs.

Les métis qui n'avaient pas été consultés au sujet de cette cession réclamèrent, affirmèrent leurs droits à la propriété de divers terrains qui leur appartenaient et qui avaient été compris dans les territoires cédés.

Il fut passé outre, mais la population refusa de reconnaître le gouverneur nommé par les autorités canadiennes.

C'est alors que les métis se déclarèrent indépendants et reconnurent pour chef un des leurs, nommé Louis Riel.

De suite, les hostilités commencèrent.

Riel s'empara du fort Garry, situé sur la rive gauche et au confluent de la rivière Rouge et de la rivière Assiniboine, à environ 800 mètres de Winnipeg.

Plusieurs sujets britanniques ayant été détenus illégalement et un partisan du gouvernement d'Ottawa, John Scott, ayant été exécuté, cela souleva les Canadiens anglais contre Riel.

Le gouvernement anglais résolut alors d'intervenir pour rétablir l'ordre. On fit appel aux volontaires de la milice ; beaucoup de Canadiens d'origine anglaise s'engagèrent, mais les Canadiens français s'abstinrent presque complètement, car il n'y en eut que 18 qui se présentèrent pour prendre part à l'expédition que l'on organisait contre Riel et ses partisans.

La conduite de cette expédition fut confiée au général

Lindsay qui avait déjà commandé au Canada; il eut pour second le colonel Wolseley (depuis lord Wolseley du Caire) qui remplissait les fonctions de quartier-maître général et conduisit en réalité l'expédition de 1870 contre Riel.

Douze cents hommes, tant de milice que de soldats de l'armée régulière, furent réunis. On dut organiser une flottille de bateaux spéciaux pour traverser la région des lacs; les soldats reçurent un équipement approprié au genre de guerre que l'on allait entreprendre dans ce pays très coupé et où la température est généralement très froide.

Toronto fut la ville choisie comme base d'opérations. Le 12 mai 1870, le petit corps expéditionnaire se mit en marche. Les troupes traversèrent le lac Huron, le lac Supérieur, le Skebandone, le lac Rainy, celui des Bois, elles atteignirent la rivière Rouge après avoir occupé le fort Alexandre.

Le 24 août, les troupes arrivèrent près du fort Garry où l'on pensait rencontrer une résistance sérieuse.

Mais, à l'approche des troupes, Riel, abandonné des siens, avait dû chercher un refuge aux Etats-Unis. Pendant longtemps, il resta caché à Terrebonne.

Le colonel Wolseley installa le gouverneur de Manitoba, puis, après avoir mis les points principaux en état de défense, il fit rentrer les troupes régulières et quitta lui-même le fort Garry le 10 septembre 1870.

Riel, jugé par contumace, fut condamné à plusieurs années de bannissement qu'il passa aux Etats-Unis; il revint ensuite habiter les bords de la rivière Rouge et fut même élu député par la circonscription de Provenchel, mais il ne siégea pas longtemps au Parlement canadien, car il revint habiter parmi les métis opprimés de la Saskatchewan.

A la suite des événements que nous venons de relater, les émigrants se portèrent en masse vers cette nouvelle région occupée par les métis.

Le chef-lieu de Manitoba qui, en 1870, ne comptait que 200

habitants, en avait 12,000 en 1881 ; la population totale montait à 65,000 âmes.

Les populations métisses, refoulées par les nouveaux arrivants, allèrent alors s'établir dans les territoires du Nord-Ouest où elles pensaient pouvoir mener la vie indépendante qui leur est si chère.

Lors de la construction du chemin de fer du Pacifique, des difficultés eurent lieu avec les agents du gouvernement au sujet de la délimitation des terres qui appartenaient aux métis et qui leur furent contestées.

Riel fut chargé par ses concitoyens de réclamer contre les mesures vexatoires prises contre eux ; il s'adressa aux autorités canadiennes en appuyant ses réclamations de preuves toutes en faveur des métis. Ces réclamations furent réitérées et, par la voie de la presse, Riel chercha à obtenir justice.

Le gouvernement canadien ne répondit pas.

C'est alors qu'exaspérés, les Canadiens français ayant lancé un dernier ultimatum laissé sans réponse, mirent leurs menaces à exécution.

A la fin de février 1885, le journal *Le Manitoba* publiait encore ceci :

« M. Riel attend avec calme la réponse du gouvernement aux diverses demandes qu'il lui a soumises au nom des métis. Il ne serait pas mauvais cependant que le gouvernement y mît un peu de hâte, car le mécontentement des gens pourrait se manifester d'une manière fort regrettable. »

Aucune réponse favorable n'ayant été faite, on apprit par une dépêche d'Ottawa, datée du 23 mars, que la révolte avait éclaté dans le district de Port-Albert.

Sous la direction de Louis Riel, les métis coupèrent les fils télégraphiques, et un détachement de 100 hommes de police envoyé contre eux du fort Carleton fut obligé de se retirer après un engagement où il perdit 23 hommes. Bientôt le colonel Irvine, qui commandait le fort Carleton, fut obligé de l'évacuer avec toute la garnison composée de 260 hommes.

A la tête de 1,500 métis, auxquels se joignirent bientôt de nombreux Indiens, Riel bloqua Battleford et inquiéta le poste de Humbold ainsi que celui de Qu'appelle.

Le gouvernement canadien eut alors tout sujet de se repentir d'avoir traité les métis avec tant de dureté. On vit que le soulèvement prenait un caractère alarmant et qu'il allait nécessiter des mesures rigoureuses immédiates pour empêcher son développement.

Le général Middleton, commandant de la milice, fut chargé de diriger la seconde expédition contre Louis Riel. On organisa un corps de 5,000 hommes, puis 800 hommes furent envoyés de suite pour dégager Humbold et Qu'appelle.

Le général Middleton marcha avec le corps principal dans la direction de Humbold, tandis qu'une autre fraction, commandée par le colonel Otter, partait de Swift-Current et avait Battleford pour objectif. Un troisième corps, parti de Calgary, station sur la ligne du Pacifique, au pied des Montagnes-Rocheuses, avait pour chef le colonel Strange ; il se dirigeait sur Edmonton.

La ligne du chemin de fer fut gardée militairement; bientôt les troupes anglo-canadiennes renforcées comptèrent 10,000 hommes réunis contre Louis Riel et ses partisans.

Le général Middleton rencontra les troupes de Riel à environ 60 kilomètres en aval de Clark's-Crossing, à un endroit nommé Batoche ; quoique appuyé par le colonel Irving, le général anglais dut arrêter sa marche et demander des renforts, car le combat fut en faveur de Riel quoiqu'il n'eût que 800 hommes avec lui à cet endroit.

D'un autre côté, les Indiens s'étaient emparés du fort Pitt et avaient massacré les colons de Frog-Lake.

Dans l'engagement du 24 avril, le général Middleton eut 59 hommes hors de combat.

Le 7 mai, les troupes anglo-canadiennes se remirent en

marche dans la direction de Batoche, où l'on pensait que Riel s'était retranché.

La colonne, appuyée par le steamer *Northcote*, remplissant l'office de canonnière, fut assaillie vigoureusement par les Franco-Canadiens dans la journée du 10; mais, le 11, les retranchements des métis furent emportés d'assaut par les Anglo-Canadiens, qui perdirent beaucoup de monde dans cette journée.

Les troupes du colonel Otter eurent aussi à repousser les attaques des Indiens qui, au nombre de 600 environ, étaient commandés par leur chef Poundmaker.

L'autre colonne, Strange, arriva à Edmonton et put enlever le fort Pitt, défendu par le chef indien Bigbear.

L'insurrection, quoique brisée dans ses principaux centres de résistance, s'étendit dans toute la contrée; il fallut organiser des colonnes volantes, qui parcoururent le territoire pour y rétablir l'ordre.

Dumont, le principal lieutenant de Riel, étant passé aux Etats-Unis, Poundmaker et Bigbear firent de même ou se soumirent. Toute résistance lui paraissant maintenant inutile, et afin que les habitants de la contrée ne fussent plus molestés par représailles, Riel, confiant en la générosité du gouvernement anglo-canadien, se rendit prisonnier au général Middleton. Ainsi finit le soulèvement.

Mis en jugement, Riel fut condamné à mort. Le chef des métis, qui avait cru pouvoir compter sur la loyauté des ennemis de sa race, fit appel de ce jugement devant le Conseil privé de la reine, à Londres, lequel rejeta le pourvoi.

A la nouvelle de ce rejet, l'opinion publique s'émut, et tant en Europe qu'en Amérique, de nombreuses protestations s'élevèrent contre l'exécution de Riel.

Des pétitions nombreuses furent adressées au gouvernement afin d'obtenir une commutation de peine.

Quant à nous, confiant alors en la magnanimité royale et rappelant que le droit de grâce est le plus bel apanage de la royauté, nous adressâmes à S. M. la reine Victoria une pétition par laquelle nous la prions de grâcier Louis Riel. Peu de jours après, le 29 octobre 1885, nous recevions la réponse que nous traduisons ici :

PRIVY PURSE OFFICE.
 Buckingham palace.

« Le général sir Henry P. Ponsonby a reçu l'ordre d'informer M. Garçon que sa pétition du 24 courant, adressée à Sa Majesté la Reine, a été envoyée au secrétaire d'État pour les colonies le 28 octobre 1885. »

Le 31 du même mois nous parvenait la réponse du secrétaire d'État pour les colonies. En voici la traduction :

COLONIAL OFFICE

« Downing-Street, 30 octobre 1885.

» Monsieur,

» Je suis chargé par le secrétaire d'État pour les colonies de vous informer que S. M. la Reine lui a donné l'ordre de vous accuser réception de la lettre adressée par vous à sa Majesté, et par laquelle vous la priiez de faire grâce à Louis Riel qui a été récemment condamné à mort au Canada, sur une accusation de trahison, et je dois vous informer que le secrétaire d'État ne croit pas devoir engager Sa Majesté à intervenir dans cette cause.

» Recevez, Monsieur, etc.

» Signé : ROBERT HERBERT.
» *Monsieur A. Garçon, Paris.* »

Comme on le voit la réponse n'avait pas tardé, mais nous l'eussions préférée moins prompte et plus favorable.

C'est alors que nous adressâmes une autre pétition au chef du gouvernement canadien, Sir John Macdonald. mais nous

ne devions pas être plus heureux dans cette nouvelle dé·
marche.

Riel était un homme de 40 ans, de taille moyenne, brave,
énergique et plein du désir d'affranchir ses compatriotes du
joug odieux sous lequel ils étaient courbés et de leur faire
rendre justice pour toutes les vexations ainsi que les injusti-
ces dont ils étaient victimes. Dans tout autre pays, il eût
été traité comme un ennemi loyal et malheureux. Depuis sa
soumission, qui remontait à six m.. , la captivité avait
vieilli Riel, il s'était affaibli autant au moral qu'au physique.

Le gouvernement anglo-canadien aura fait preuve d'une
cruauté inutile, il a assumé une grande responsabilité; les
conséquences de ses actes peuvent être graves, parce que la
population, d'origine française, qui était de cœur avec Riel,
a vu là une nouvelle manifestation de la haine anglaise contre
les descendants des anciens colons français.

C'est le 16 novembre 1885, à 3 heures du matin, que Louis
Riel a été exécuté à Regina.

La veille, l'ordre d'exécution avait été envoyé à M. Cha·
pleau, le sheriff, il en donna lecture à Riel, qui passa une
partie de la nuit en prières avec le Père André. Riel assista
à la messe, qui fut célébrée le lendemain matin, puis le cor·
tège se dirigea vers le lieu d'exécution, lequel était forte-
ment gardé.

Le sous-sheriff anglais présidait à l'exécution. Riel monta
courageusement sur l'échafaud et se livra à l'exécuteur. La
mort fut presque instantanée.

Jusqu'au dernier moment, la grâce avait été espérée; aussi
la nouvelle de l'exécution produisit une grande excitation
dans les villes où l'élément français est dominant. A Québec
et à Montréal, les magasins se fermèrent en signe de deuil,
on arbora le drapeau tricolore garni de crêpe, des meetings
eurent lieu, des manifestations furent organisées contre le
gouvernement. A Paris, toute la presse fut unanime pour
blâmer cette exécution, et nous sommes de tout cœur avec

nos frères les Canadiens français, pour déplorer la mort du chevaleresque et loyal Louis Riel qui fut un vrai patriote.

Certes, le temps n'est plus où, comme en 1838, le journal anglais le *Herald* disait :

« Pour avoir la tranquillité, faisons la solitude autour de nous et balayons les Canadiens de la surface de la terre. »

Maintenant les Canadiens français sont nombreux et les journaux de Québec et de Montréal ont publié des phrases comme celle-ci :

« Le pays commence à avoir assez d'Anglais. Avant peu il trouvera le moyen de s'en débarrasser. »

En fait, les métis étaient dans leur droit en protestant contre les spoliations dont ils étaient victimes; ils étaient devenus la proie d'agioteurs qui, lors de la construction du chemin de fer, les avaient en quelque sorte chassés de leurs propriétés ou indemnisés d'une façon dérisoire.

Pendant quinze ans ils réclamèrent, et on ne leur répondit que par une oppression plus grande.

Contrairement à la vérité, la presse anglaise représentait ces hommes travailleurs comme des aventuriers et des sauvages.

L'ancien antagonisme des races rivales s'est réveillé; voici ce qu'écrivait récemment le journal canadien la *Patrie :*

« Nous sommes chez nous au Canada, et nous voulons être les maîtres chez nous. Que les sujets de la reine Victoria qui nous arrivent de la métropole avec une telle ignorance de l'histoire canadienne se le tiennent pour dit, sinon il pourra leur en cuire ! »

Les motifs qui ont décidé le ministère Macdonald à ordonner l'exécution sont purement politiques, les Anglo-Canadiens étant en majorité dans le ministère et ceux-ci dominant aussi comme population dans le Nord-Ouest, on a obéi aux suggestions des ennemis de la race française. Il est triste de penser que cette exécution a été ordonnée par calcul électoral.

Pour s'excuser, les Ministres ont dit que les lois ne leur

permettaient pas d'intervenir en faveur de Riel. Il nous paraît aussi peu probable que la Reine n'ait pas eu le droit de gracier Riel. Faire acte de clémence en cette occasion eût été non seulement humain, mais très habile.

Il y aurait un certain rapprochement à faire entre cette exécution et celle de John Brown, qui eut lieu aux Etats-Unis peu de temps avant la guerre de Sécession; les faits et les causes ne sont pas absolument les mêmes; mais qui pourrait dire que l'exécution de Louis Riel n'aura pas les mêmes conséquences que celle de John Brown ?

A. GARÇON.

TABLE DES MATIÈRES.

Paris et Limoges. — Imprimerie militaire Henri CHARLES-LAVAUZELLE.

www.ingramcontent.com/pod-product-compliance
Lightning Source LLC
Chambersburg PA
CBHW061414060726
47597CB00003B/1046